后资本主义生活

财富的意义、经济的未来与货币的时间理论

[美]乔治·吉尔德 著
蒋豪 译

浙江人民出版社

LIFE AFTER CAPITALISM: THE MEANING OF WEALTH, THE FUTURE OF THE ECONOMY, AND THE TIME THEORY OF MONEY by GEORGE GILDER
Copyright © 2023 BY GEORGE GILDER
This edition arranged with Salem Communications Holding Corp doing business as Regnery Publishing through BIG APPLE AGENCY, LABUAN, MALAYSIA.
Simplified Chinese edition copyright:
2024 ZHEJIANG PEOPLE'S PUBLISHING HOUSE
All rights reserved.

浙江省版权局
著作权合同登记章
图字：11-2023-420号

图书在版编目（CIP）数据

后资本主义生活：财富的意义、经济的未来与货币的时间理论 /（美）乔治·吉尔德著；蒋豪译. — 杭州：浙江人民出版社，2024. 9. — ISBN 978-7-213-11528-8

Ⅰ．D091.5

中国国家版本馆CIP数据核字第2024BH0845号

后资本主义生活：财富的意义、经济的未来与货币的时间理论
HOUZIBEN ZHUYI SHENGHUO: CAIFU DE YIYI、JINGJI DE WEILAI YU HUOBI DE SHIJIAN LILUN
［美］乔治·吉尔德 著 蒋 豪 译

出版发行：浙江人民出版社（杭州市环城北路177号 邮编 310006）
　　　　　市场部电话：（0571）85061682　85176516
责任编辑：尚　婧
策划编辑：陈世明
营销编辑：张紫懿
责任校对：汪景芬
责任印务：幸天骄
封面设计：天津北极光设计工作室
电脑制版：北京之江文化传媒有限公司
印　　刷：杭州丰源印刷有限公司
开　　本：710毫米×1000毫米　1/16　　印　张：18.25
字　　数：179千字
版　　次：2024年9月第1版　　　　　　印　次：2024年9月第1次印刷
书　　号：ISBN 978-7-213-11528-8
定　　价：68.00元

如发印装质量问题，影响阅读，请与市场部联系调换。

≫ 致妮妮、我的生命与来世 ≪

目 录
Contents

推荐序一	明月与故乡	◇ 001
推荐序二	智能时代：从知识财富、时间到想象力	◇ 012
推荐序三	前瞻未来的四个比喻	◇ 017
引　　言	理　论	◇ 024
第 一 章	后资本主义生活	◇ 029
第 二 章	货币就是时间	◇ 045
第 三 章	经济人神话	◇ 059
第 四 章	增长就是学习	◇ 075
第 五 章	财富就是知识	◇ 093

第 六 章	物质信息	◇ 111
第 七 章	新的石器时代还是新的碳时代？	◇ 121
第 八 章	经济学不是计算原子数	◇ 141
第 九 章	绽放丰盈	◇ 151
第 十 章	金融疯长	◇ 183
第十一章	银行家的困境	◇ 201
第十二章	货币是一种商品吗？	◇ 215
第十三章	比特币资本主义	◇ 231
第十四章	信息论与经济学	◇ 249

| 结 语 | 诚与律 | ◇ 269 |
| 索 引 | | ◇ 275 |

● 推荐序一 ●

明月与故乡

乔治·吉尔德是我们这个时代最了不起的经济学思想家之一。他的书早在20世纪80年代就引领了潮流，而难能可贵的是，他一直都在跟时代共同进步：一方面精心观察世界的新变化，另一方面随时吸收最新的经济学研究成果。像这样的人活到多大年纪你都不会觉得他老。这本《后资本主义生活：财富的意义、经济的未来与货币的时间理论》是吉尔德最新的力作，也可以说是他思想的集大成之作，更是一本雄心之作。

吉尔德在此书中提出了一个解释资本主义新时代的新理论，用四句话概括叫"财富就是知识，增长就是学习，货币就是时间，信息就是意外"。

这个理论与马特·里德利（Matt Ridley）的《理性乐观派》（*The Rational Optimist*）、彼得·戴曼迪斯（Peter Diamandis）和史蒂芬·科特勒（Steven Kotler）的《富足》（*Abundance*）、塞萨尔·伊达尔戈（César Hidalgo）的《增长的本质》（*Why Informa-*

tion Grows）等书一脉相承，背后又有最新研究结果支持，但听起来还是感觉很不寻常，有跟传统理论很不一样的地方。特别对咱们中国读者来说，可能心理距离有点远，就如同天边的月亮。所以我想用这篇推荐序来帮你解读一番。

首先不要被"资本主义"这个词吓到。吉尔德在书中几乎没有谈论政治制度，他主要是谈市场经济。书中出现的所有"资本主义"一词都可以用"市场经济"安全地替代。再者，所谓"后资本主义"，并不是说资本主义已经不行了，现在需要走进"新时代"，而是说资本主义演化到了一个很高级的阶段，过去的理论——包括一些最基本的观念——已经不适用了。吉尔德的新理论是对旧观念的颠覆。

我先来梳理一下吉尔德颠覆的几个传统观念——我认为有三个。如果你发现这里某个说法难以接受，这很正常——这就是为什么这本书值得你读。这也是为什么我认为吉尔德的理论最适用于资本主义的"高级"阶段。

而吉尔德没说的是，并不是世界所有经济体都达到了这个阶段。

*

我们需要重新审视的最重要的一个传统观念是，只有物质财富，也就是某种实体的东西，才是财富。吉尔德称之为"唯物主义迷信"。

传统观念中，拥有一块地、一个矿，最好是一箱金银，最起码也得是某种实物商品才叫有财富。现代人已经能够接受像电影和软件这些无形的东西也有价值，但人们普遍还是觉得实体的财富更靠谱。吉尔德的观点非常激进，他说财富就是知识：实体根本不重要，那些"虚拟"的东西才是财富的本质。

2005年估值1万美元的一幅叫作《救世主》的画，到了2017年竟然升值到了4.5亿美元。这不是因为画的物质形态有什么变化，而是因为它被证明是达·芬奇的作品。一辆布加迪威龙跑车的售价高达250万美元，比同等重量的白银还要贵。这不是因为跑车使用了比白银还贵的材料，而是因为它的设计、它身上凝结的技术信息和它的品牌价值。现在最尖端的科技产品是芯片，而组成芯片的主要物质——硅、氧和铝，都是地球上最丰富，也是最便宜的元素。芯片贵，不是贵在有那么多原子，而是那些原子的排列组合方式，是芯片上凝结的人类知识。现代药物之所以有效，并不是因为含有什么龙骨、麝香之类的珍贵成分——它们其实都是普通的化学品，它们的效用来自药片所蕴含的信息。

其实，今天你不管卖什么，本质上都是在卖软件：内容才是最值钱的部分，所谓的物质都不过是承载内容的光盘而已。

如果你认为只有物质财富才是财富，你就会认为世界上的资源是有限的。就如同土地，只有这么多，你要拿走就没有我的了，那么我们之间必定是一个赢、一个输的零和博弈。你会据此推导出一系列残酷世界的生存法则。

而一旦你意识到真正的财富不是物质，而是附着在物质上的信息，用吉尔德的话说就是"知识"，你立即就会发现资源其实是无限的。这儿有一瓶水，我把它喝掉了，请问水少了吗？其实并没有。连一个原子都没少，原子们只是进入了下一轮循环，等待被人再次使用而已。今天的我们觉得石油是宝贵资源，但古人可不这么认为，因为古人没有深度利用石油的知识。那么，如果我们拥有足够的知识，能随意从阳光和海水中提取能源，又何愁资源不够用呢？

当然，前提是有足够的知识。而现在我们已经有很多的知识。

一个19世纪的农民可能认为只有粮食最重要，搞工业纯粹是不务正业。一个20世纪的工人可能认为只有钢铁最重要，搞塑料凉鞋是挖国家的墙脚。现在我们知道他们都错了，他们辜负了自己所处的时代。那今天有些人认为只有"实体经济"才重要，虚拟经济就是歪门邪道，高喊"脱虚向实"，这有没有可能也是一种落伍的观念呢？

发达经济体中农业占GDP（国内生产总值）的比重已经微不足道，工业的比重也越来越低，是服务业——包括销售、物流和管理，更包括教育、卫生和金融，还包括科技研发和文化娱乐，这里没有什么"实体"——在撑起大局。1975年，标准普尔指数500强公司的总资产中只有17%是无形资产，而2022年这个比例已经达到了90%。也就是说，世界上最了不起的公司的绝对大头资产，都不是实体的。今天你拥有品牌、技术、专利、版权、客户关系这些无形的东西,这些"知识",比拥有土地、房子和机器设备要重要得多。

今天的人成为富豪的正路,不是基于占据了多少资源,而是因为创造了什么知识。

*

这就引出了第二个观念:企业家到底是什么人。

如果你认为物质财富是唯一的财富,那么富人之所以这么富就只不过是因为他拥有资本。天下的资源只有这么多,因为你有资本,所以你就占据了这片土地、这个工厂和这些机器,然后你得到利润的大头——你这个位置换成任何人来都能做,你只不过是幸运地拥有最初的资本而已。这当然不公平。在这种资本叙事之下,"资本家"和普通人是对立的,也许还不如让政府来统一分配资源,还天下一个公平。

很多人能看到资本叙事的失败之处,那就是历史证明:单纯让政府分配资源从来都不好使,最终只会得到僵化和腐败。但很多人没看到的是,资本叙事从一开始的假设就错了。

只要你承认财富不只是物质,财富还包括知识,甚至财富"就是"知识,你就会意识到"资本"并不是经济增长的核心因素。

吉尔德的叙事里没有资本家,只有"企业家"。

吉尔德说,驱动企业家做事的不是物质激励,不是贪婪,而是创造，是想象。

有些企业家出身于工程师和科学家，但工程师和科学家不会自动成为企业家。企业家的创造不但是奇思妙想，而且必须被市场认可才行。

史蒂夫·乔布斯（Steve Jobs）不是工程师，但人们把iPhone（苹果手机）的成功归功于乔布斯。因为在他之前世人并没有对智能手机的需求，就连工程师都认为那样的产品是做不出来的。亨利·福特（Henry Ford）有句名言说：如果我去问消费者他们想要什么，他们只会说想要跑得更快的马。

是企业家觉得世界不应该就这样了，他们想象一个更好的世界，然后组织人力物力，把想法实现，研发出新的产品，我们才有了各种有意思的东西。是人们在创新的基础之上继续创新，是企业家和消费者都在学习适应创新带来的新条件，给经济增长提供了动力。增长就是学习。

创新动作不能仅仅用传统经济学的"激励"解释。张维迎先生有本新书叫《重新理解企业家精神》，说的也是这个道理：企业家的决策并不仅仅是出于科学和理性，他们最重要的决策是出自直觉和想象力。用吉尔德的话说，企业家是在输出"神谕"。

经济活动中最重要的知识不是某个技术细节，而是"市场是否接受这个产品"。这个知识不能仅仅通过逻辑推理得来，你必须投资、组织生产，到市场上尝试，经过冒险实践才知道答案。因为你必须承担失败的风险，所以你可以享受成功的果实。

从这个意义上说，企业家是用自己的身家性命寻求知识的人。

*

　　既然企业家是知识创造者，我们就必须重新审视第三个观念：政府的作用。

　　如果你认为经济增长是认准一个方向猛干、大力出奇迹的结果，主动性就应该由政府发起，毕竟政府有最强的组织能力。但政府是怎么知道该干什么的呢？

　　世界大多数国家的政府官员都是保守的，做事以不出错为第一要务，他们的主要任务不是创新。美国科技创新厉害并不是因为美国政府做对了什么，而是因为美国政府没有做什么。

　　新知识只能靠企业家在实践中探索，这是一种去中心化的生成方式。在这个意义上，市场经济的关键不仅仅是让企业家互相竞争，从而使商品价格下降，让消费者受益——市场更大的作用是企业家有探索的"自由"。不管你的想法听起来有多不靠谱，哪怕大多数人都反对，只要你能找到资本、组织起来人力物力，你就可以根据自己的直觉和想象去创造那个新产品或者新服务，给世人看看这个新的可能性。

　　而政府的作用，在吉尔德看来，则是确保企业家可以心无旁骛地探索。这并不容易，这要求政府保护产权，打击犯罪，稳定货币和汇率（货币就是时间），提供一个良好的市场环境，把市场因素以外的波动降到最低，这样企业家就不用担心自己的财产无故升值或者贬值，才会把所有精力都用来发现下一个新产品。

企业家负责制造惊喜，提供剧情的不确定性，政府负责确保舞台的确定性。用吉尔德在他 2013 年出的一本《知识与权力》（*Knowledge and Power*）的书中的话说，借助信息论的语言，企业家增长了系统的知识，所以提供了"熵"（信息就是意外），政府应该保障经济环境是一个"低熵通道"，做好后勤支持。

简单说，经济活动的主动性应该由企业家发起。

*

吉尔德默认自己的读者是美国人，他的这些观点主要适用于发达国家。对于发展中国家来说，你可以想见这些理论需要修正。

比如说，美国政府确实不知道下一次科技创新的突破点在哪里，因为美国走在最前面，没有老师引领。那如果是一个落后经济体，比如一个农业国，它前面有很多老师，它应该明确知道大力搞工业，它的政府就已经有了知识。这就是"后发优势"：发展中国家的政府知道该干什么，所以可以领着干。

然而正如杨小凯先生所言，后发优势可能也是一种后发劣势。这样的经济体习惯了让政府指明发展方向，那么它的企业家的自发创造能力就没有充分的成长。等发展到一定阶段，前面没有可以明确借鉴的方向了，他们就难以创造新的知识。

在吉尔德看来，只要让政府选择方向，那就是在"挑选"赢家，是在用自己的大力行动抹杀市场的知识，这样市场可能就失灵。所以吉尔德的立场是政府对市场的干预一定要最小化。

但别的经济学家会有不同意见。比如《增长的悖论》(*The Value of Everything*，2018)、《任务经济学》(*Mission Economy*，2021)的作者玛丽安娜·马祖卡托（Mariana Mazzucato）就主张企业家并不是知识的唯一创造者，她强调很多企业级的科研成果其实是在政府资助之下做出来的，而且她认为很多企业家喜欢把公司金融化，也没有一心一意搞创新。

我认为马祖卡托说得也对，但吉尔德说的是"零阶道理"，是现代经济运行最基本的原则；马祖卡托说的是对零阶道理的一阶修正。你只有在承认企业家的主体性的基础之上，才可以看看政府还能再做些什么补充。

*

吉尔德这些思想对中国读者的意义何在呢？我想念三句诗。

第一句是"举头望明月，低头思故乡"。

吉尔德说的是市场经济高级阶段的规律。你读书时可能觉得这些观点新奇有趣，但如果你躬身入局，在中国市场上打拼过，你会发现这些道理并不适合当前的中国经济。

中国很多生产活动并不是创新驱动的。21世纪以前，中国有大量的农村剩余劳动力，这些劳动力只要转移到工厂中去就立即能创造更高的价值，经济增长可以说是靠人口红利驱动的。进入21世纪，工人工资普遍提高，人口红利逐渐减少——也就是到了所谓"刘易斯拐点",经济增长改为以投资驱动。你只要找到足够的资金,引进先进技术,升级设备,经济就能增长。企业不太需要自己创新。

我们之所以能把产品卖到国外去,往往不是因为这个产品足够新或者技术足够高,而是因为它足够便宜。在国内市场,中国很多企业家赚到钱,也往往不是因为搞了创新。

如果企业家再怎么折腾都是小打小闹,吉尔德这一套还有什么意义?

第二句是"今人不见古时月,今月曾经照古人"。

吉尔德的思想不但不适用于今天的中国,而且也不适用于一百年前的美国。但从另一方面看,一百年前的美国已经蕴藏吉尔德的基因,今天的中国也是如此。

事实上,中国早在宋朝就已经在靠高科技出口了。大宋出口最重要的三种产品——茶叶、丝绸和瓷器,都属于可再生资源。这些东西之所以贵,不是因为它们的原材料多么稀有,而是因为中国工匠的聪明才智。我们卖的不是水、碳和黏土,我们卖的是它们承载的"软件"。

中国自古以来的商人也是一群充满创造力的人。只是在旧的观念之下,人们认为商业不利于王朝的统治,秦制以来历代统治者一直推行重农抑商,中国商人总是处在被压制状态。

但经济学最基本的原理不会不适用于中国。中国互联网公司风生水起,引领全球创新的时候,也是中国经济快速增长的时候。

第三句是"海上生明月,天涯共此时"。

不管是主动还是被动,全球经济已经是一个相当程度上的整体。新技术的影响会波及每个角落。

一方面,中国的劳动力优势正在被周边国家赶上,投资拉动增长早已陷入边际效应递减,原有的增长模式已经力竭;另一方面,AI(人工智能)和机器人很可能会迅速接管工业生产。

到时候创新就是唯一的出路。

其实,现在创新就是唯一的出路。跨国公司的领导人,像埃隆·马斯克(Elon Musk),已经拥有比美国总统更大的影响力。他们是在全球范围内选择最合适的经商环境,他们跟各国政府讨价还价,他们要求"低熵"。

在这种情况下,吉尔德这些观念就跟中国非常有关了。

万维钢

科学作家

得到 App "精英日课" 专栏作者

• 推荐序二 •

智能时代：从知识财富、时间到想象力

2018年11月，乔治·吉尔德的《后谷歌时代：大数据的没落与区块链经济的崛起》(*Life after Google: The Fall of Big Data and the Rise of the Blockchain Economy*)发行，他在北京的互联网金融博物馆做讲演，我担任主持人。之前，我曾陆续邀请著名的未来学家约翰·奈斯比特（John Naisbitt）和英国著名历史学家尼尔·弗格森（Niall Ferguson）在博物馆讲演，吉尔德与他们都很熟悉，也非常高兴地与我一起餐叙，讨论区块链对经济学的冲击，他提到科技进步会撼动传统经济学的基础。作为数字时代影响美国政界和企业界的重要思想家，这本书大概就是他的尝试之一。出版社邀请我写序，先睹为快，匆匆写下一点感想。

吉尔德是一位关注现实商业的重要思想家，观察力敏锐，极为勤奋，出版了十几本具有广泛影响力的商业畅销书，也是欧美许多企业家关注的作者。他的一个重要特点就是，不拘常规小节，捕捉社会前沿的变数特别是异类（Outliers），从社会人文和

2018年11月7日晚,著名未来学家、经济学家乔治·吉尔德做客北京互联网金融博物馆

科技等多个立场表达自己的看法，判断未来趋势。这需要有广博而深厚的知识积累，更需要不断挑战自己定见和社会常识的胆识。尽管，许多立论与结论有待后人的推敲甚至常常失误，但他坚定不移的大视野和大格局启发着人们的思考和实践，成为影响全球未来的重要观念。读他的书，与他聊天，总有一点天马行空、不着边际的宏论，但他的激情和不容置疑的论断非常感染人，令人浮想联翩。这本《后资本主义生活：财富的意义、经济的未来与货币的时间理论》便是典型的例证，在汗牛充栋的"后"各种主义的图书中，吉尔德锋芒直指"前资本主义"的观念基础，而将"后"的推测留给读者自己。

三百年以来，以资本为核心组织的现代经济体系，取代了以劳动为核心的传统农耕经济体系。除了可见的人类社会财富爆发式增长，以及衣食住行的需求得到根本解决之外，最重要的标识是市场模式、经济结构、社会组织和生活态度的改变。最近一百年来，知识与信息正在取代资本而进入当代经济的主导力量之列，人工智能更是加速了这个新的产业革命。一大批思想者和学者都将知识与信息作为资产与财富的基础。吉尔德在本书中开宗明义提出他的"经济学的信息理论：财富就是知识，增长就是学习，货币就是时间，信息就是意外"。全书基本围绕这个论点而展开。

与许多学者简单将知识纳入财富领域，进一步扩展为数字资产或元宇宙之类的畅想不同，吉尔德强调几个重要的知识资产的特征，比如无限供给进而激励无限需求，知识的意外、无序和波动是常态，知识的创造者与消费者是孪生同体，等等。吉尔德提倡的经济学更关注人类的创新驱动，以及通过发现、扩展和交易知识为彼此创造价值的过程。

在知识经济的背景下，自然资源、人力资源、资本与技术资源，甚至人工智能资源都不再成为有限的约束，唯一的就是一去不复返的时间约束。因此，所有经济活动和效率与成就都必须在时间的尺度上定位，包括财富、学习和社会增长都严格遵循时间的检验。吉尔德和他的合作者正在开发用时间来量化财富与增长的模式，尽管他用人们熟悉的货币来代表时间的价值，但目前的论证仍然还是一个非常粗糙的框架。其实，按吉尔德的立论，在数字与知识经济的背景下，货币这个资本主义的支付工具在后资本主义社会已经失去价值尺度、支付手段和储藏财富的意义，可以内化到不需单独存在的阶段了。用货币这种可以人为操控的传统尺度勉强代表多重内涵和定义的时间价值，如同用古代蜡烛的数量来比拟电灯的强度一样，反而有更多的歧义。

吉尔德多次来中国，他的书在中国也有多个译本，这也促使他特别观察了中国创业投资的市场。他认为，经济增长的动力应该从政府投资和传统产业发展转向智力资本的未来轨道。拥抱意外，激励学习，是知识经济的常态。

2022年OpenAI的ChatGPT语言生成和2024年初的Sora图像视频生成，掀起了全球人工智能领域的全面竞争。无论人工智能领域的加速主义与保守建制主义如何博弈，数据、信息与智能都会不可逆转地成为经济主导力量和财富的基础。以往的经济学基础与逻辑在解释和推动数字经济的现实课题上会产生巨大的变革，吉尔德和更多的思想家正在为未来的观念格局搭建支撑要素，同时也毫不留情地拆掉传统思维体系。正是这些激烈的观念冲突，使得我们不断审视身边的变化和未来，也是吉尔德这本书的价值所在。

在我看来，除了"时间"这个单向约束外，人类的想象力在与人工智能的合作或竞争中将如何演变，才是一个真正的挑战。以色列的历史学家尤瓦尔·诺亚·赫拉利（Yuval Noah Harari）在《人类简史》（Sapiens: A Brief History of Humankind）一书中指出，人类祖先想象不存在之物的能力是文明的关键，未来更是如此。想象力是人类生而俱来的天赋能力，从原始部落到工业革命，乃至当下的未来选择，都是先有想象力，才有愿景蓝图，才有创新的成就感和财富上的激励。无论何种社会状态与发展模式，想象力都会激发想象力，也会在特定约束下（比如时间和资源）专注于实现想象力。

将人工智能、时间、意外和想象力这类要素拉入经济学框架，不免有乱花迷眼的感觉，也正是几十年来心理、法律、政治、行为、混沌、复杂等学科大肆殖民经济学领地的重演。说到底，经济学还是解决资源稀缺下的激励与财富分配的学问，当资源不再稀缺，激励已经转向，财富内涵扩充后，经济学的方向也会大幅调整，"昔时王谢堂前燕，飞入寻常百姓家"。

期待吉尔德的这本书给读者一个想象和激励的空间，期待他再次来中国。

王巍

金融博物馆理事长

推荐序三

前瞻未来的四个比喻

步入智能时代，我们该如何预见未来？有三个问题值得我们仔细思考。

第一，我们可以简单地用过去的经验和发展轨迹来推算未来吗？也就是说，未来的发展是线性的吗？如果从二百多年前的工业革命算起，那么过去的经验告诉我们，人类进入工业时代之后的发展不是线性的，而是在一次又一次工业革命的推动下呈现出加速增长的态势。

这就引出下一个问题，我们现在所处的阶段是许多人所说的"第四次工业革命"吗？蒸汽、电力、计算机与互联网、人工智能……的确，我们可以这么一次又一次地算下去，但是转型其实已经发生了。这种转型可以简单地用"从有形向无形"的转变或者"从原子向比特"的转变来形容。计算机与互联网的出现让知识变得日益重要，承载知识的载体、知识交换的媒介从模拟形式变成数字形式，每个人可以获得的知识呈现爆炸式增长。人工智能革命是更进一步的推动力,是能直接引起质变的推动力,人类开始向智能时代转变,而完成这种转变需要重新审视工业时代所形成的一些制度、规则和习惯。

第三,智能时代会有哪些不同? 可以确定的是,这将是一个创新驱动的时代,一个拥抱未知的时代,一个高度不确定的时代。这样的时代有违我们的直觉。在人类历史长河中,几乎所有叙事都在把变化整理成秩序,将演进归纳成规则。我们追求稳定,因为稳定可以给我们带来安全感。新时代需要我们重新思考秩序与混乱的关系。

美国未来学家乔治·吉尔德的新书《后资本主义生活:财富的意义、经济的未来与货币的时间理论》为我们描述了一种后资本主义的可能。吉尔德对未来的前瞻可以简单归纳为三点。第一,关于稀缺的经济学已经过时了,未来经济学应该研究的是如何利用丰裕。第二,在物质已经相当丰裕的当下(至少是西方视角下的),我们需要重新定义财富。而度量财富有两个维度:从增长的维度看,财富就是知识的增长;从时间的维度看,财富就是节约时间。第三,当下的资本主义已经过度金融化,需要回归到实体经济。

在这本书中,吉尔德用四个比喻构建了一个从工业时代跨越到智能时代的极具前瞻性的思考框架。预见未来是一场题目和答案都不明确的考试,拥有一个好的框架能帮助我们适应随时随地的变革。

比喻一:透过摩尔定律来理解学习曲线。

自从 20 世纪 60 年代半导体被发明之后，摩尔定律就被用来解读芯片的发展，即用于芯片的半导体的数量每 18 个月到两年会翻番，生产成本则会下降一半。摩尔定律并不是物理定律，但在过去的 70 年，整个芯片产业几乎一直沿着这一定律前行。不同的人会有不同的解读，有人认为摩尔定律基本上界定了整个芯片产业的投资更新周期，有人则担心摩尔定律将在芯片突破 3 纳米工艺（几乎是物理的极限）之后失效。

在吉尔德眼中，摩尔定律是一种帮助人们理解经济发展的比喻，摩尔定律的背后是幂律分布（很可能带来指数级的增长），这恰恰是驱动知识经济发展最重要的规律。"增长就是学习"，摩尔定律体现的其实是学习曲线的演进。

例如，当人们试图解释或理解中国制造的发展，尤其是从"山寨"到自主创新的发展，学习曲线提供了一个重要的视角。经历了 20 年的飞速向前，中国的供应链发展几乎所向披靡，在传统的化工、机械制造、钢铁等行业，中国产业链的齐备程度已经独步世界，具备产能优势和成本优势，在学习曲线上已经进入加速提升的快车道。从光伏到液晶屏、从电池到电动车，快车道的加持让中国制造只要进入一个行业，就可能在比较短的时间形成规模与成本的优势，且能实现技术日益领先。

学习曲线之所以遵循加速回报定律，是因为经验的积累和扩散所带来的价值，而经验恰恰是"财富就是知识"中积累下来的知识。此外，经验是无形资产，或者说知识的资产价值是隐匿的、不可言说的，无法用语言和数据完整地表达出来，不是简单的"逆向工程"就能够学会的,必须通过"学中干、干中学"来积累。中国制造从"山寨"到创新,本质而言就是在实际工作中学习了经验、积累了经验、传播了经验。要前瞻中国经济,我们必须理解这一加速动能。

比喻二:用集装箱来比喻环境与创新的关系。

集装箱是20世纪的重要发明,推动全球贸易在1960年后的60年中从1万亿美元增长到28.5万亿美元,让东亚和中国可以更方便地加入全球经济的大分工中,也让价廉物美的中国制造可以风靡全球。

从信息论的视角来看,吉尔德将集装箱与电信和互联网的发展进行类比:集装箱的发明者马尔科姆·麦克林(Malcolm McLean)预见的是一个用于贸易的分组交换网络,与移动通信和互联网上信息传递所运用的分组交换一样。通过标准化,全球贸易从散货的"模拟世界"转型成为集装箱的"准数字化世界"。可移动、可升降、可堆叠、可存储、可冷藏的标准集装箱(TEU)成为全球贸易中传递的"字节"。标准化的集装箱大幅压低了海运的成本。过去60年,因为集装箱的发明,仅美国就节约了约1.4万亿美元。

从信息论的视角来看,集装箱节约的是集装箱货轮相对于散装货轮巨大的时间成本。从效率和创新的角度来看,集装箱又能让我们看到,在支持创新时,哪些事情是可为的,哪些事情是不可为的。集装箱带来标准化、效率、成本的节约,是一种高效的秩序,换言之是"低熵"的状态;而集装箱货运所催生的全球经济大发展是多样的、百花齐放的、不断创新的，换言之是"高熵"的状态。

集装箱和它所运送的海量货物也可以用来比喻营商环境和创新之间的关系。营商环境应该像集装箱那样标准化、有秩序、便宜高效，用以支持百花齐放、复杂多样的创新，就像极其丰富的海运商品。用吉尔德的原话说，就是"经济政策应消除传送渠道中的熵，以增加传送内容的熵"，就好比送礼时，礼物盒子是看得见的，而真正的惊喜在盒子里。

这一比喻也可以用于政府与市场关系的类比：前者提供便宜、高效的制度环境，后者奖励冒险并淘汰失败。与"增长就是学习"结合起来，经济政策的可靠性不在于是否增强了激励，而在于是否加速了学习。当信息迅速生成并能够自由流动时，学习就会加速。

比喻三：不确定性是未来的主旋律。

什么是信息？信息就是意外。要理解"信息就是意外"，先得讲个老掉牙的笑话：监狱的囚犯已经讲了太多次同样的笑话，以至于后来他们给笑话编了号，每当一个囚犯喊出笑话的编号时，仍然会引起笑声，因为编号选择是一个意外。如果真的讲了笑话，则只会得到嘘声，甚至更糟。

为什么会这样？因为囚犯在监狱里待得太久，所讲的笑话都是老掉牙的，听得人耳朵里都起了茧子，如果再讲一遍却没有提供新的信息，不仅不会给人带来愉快，反而会让人感到厌烦。随机抛出的编号则不同，不可能事先知道。信息就是意外，哪怕是对原有信息的重新排列组合。《为什么伟大不能被计划》(Why Greatness Cannot Be Planned) 一书一再强调探索的重要性。探索就是遭遇意外，科学进步的重要性可以通过判断信息意外程度的方式来衡量。突破越不合理，遇到的阻力越大，可能产生的影响就越大。弗里德里希·哈耶克（Friedrich Hayek）之所以认为中央计划会失败，就是因为人们不可能事先了解尚未发生的事情，当计划掩盖了意外，也就忽略了知识（新的信息）。

在人工智能带来巨大便捷的时代，我们特别需要提防"信息就是秩序"的想法。的确，人工智能——比如算法推荐——会带来巨大的便利，无处不在的监控也会带来安全感。回归到集装箱的比喻，这种秩序的便利和安全应该是创新的基础设施和支持系统，而不是逃避意外的避风港。已经知道的并不是信息，秩序只可能是创新的基础，创新需要意外，越离谱的意外越可能带来巨大的创新，将意外视为不可接受的风险就会出问题。

尽管知识是已知事物的总和，但每一次知识的增加，每一条新的信息，都会带来意外。下一步总是未知的，总是一个需要证明或证伪的实验，总是被时间的不透明帷幕遮蔽。这就引出了第四个比喻，关于时间的比喻。

比喻四：只有时间是稀缺的资源。

货币就是时间，因为时间是唯一不能印刷、扭曲、伪造的"货币"，是未来唯一稀缺的资源。但时间还有一个重要特征，即理论上的无限可延展性。在探索未知、拥抱意外的过程中，只有时间是衡量生产力、经济价值和丰富程度的终极标尺。时间终将检验一切（Time will tell）应该是我们对待未知的惯常态度。

时间价格也是衡量富足和丰裕最好的标尺。时间价格计算的是赚取商品和服务所需的小时和分钟。从福特引进生产线，大幅降低T型车成本（学习曲线），提高小时工资来吸引工人开始，汽车进入工薪阶层家庭。以小时工资来计算，福特生产线的工人可以用不到三个月的工资买到一台车，这是之前的人们想都不能想的事情。

富足时代的特征是时间价格的持续降低，因为节约时间带来的恰恰是富足。随着时间价格的下降，往往是穷人受益最多。因为人们不再需要为了温饱而终日奔忙，每个人都会有更多时间去休闲或者去创造。按照《超级丰盈》(*Superabundance*)一书作者的计算，在最新一波全球化的约40年（1980—2022年）里，（西方）工人用相同的工作时间赚得的收入能购买的商品和服务是此前的约三倍。

在《后资本主义生活：财富的意义、经济的未来与货币的时间理论》中，吉尔德提出了四个经典的命题：财富就是知识，增长就是学习，货币就是时间，信息就是意外。这些命题也是我们思考智能和无形经济给时代带来的推进和改变的抓手。

吴晨
财经作家
《经济学人·商论》原总编辑

• 引 言 •
理 论

《后资本主义生活：财富的意义、经济的未来与货币的时间理论》描绘了当前的经济时代，并提出了一种新的经济理论。

当前时代已进入**后**资本主义时代，因为亚当·斯密（Adam Smith）构思的、卡尔·马克思（Karl Marx）命名的主流"资本主义"理论，与实际的资本主义实践存在深刻的不一致。此外，各地政府的政策都挑战并削弱了资本主义的古典原则。

经济体绝不是亚当·斯密所称的"伟大机器"，经济体的财富分配也绝不像那么多经济学家和政治家所认为的那样，与财富的生产同样重要。由于资本主义市场（无论是股票、商品、劳动力、投资还是贸易）已经让位给新一代政府规则——称之"应急社会主义"最贴切，我们已经超越了资本主义。

为了确保一个稳定的未来，其中稀缺资源得以确定分配、回报得以保证，我们以此名义压制资本主义创新带来的惊喜。

这么做的结果，是一个迷雾重重、自相矛盾的难解局面，用一堆欺骗性的统计数据来衡量，由一种糟糕的疯狂学说来描述。我们今天所经历的一切，我称之为"后资本主义生活"。

这一新时代的种子在1971年就已播下。当时，理查德·尼克松（Richard Nixon）和米尔顿·弗里德曼（Milton Friedman）揭开了"应急社会主义"初期阶段——应急**货币主义**之幕。它解除了货币与黄金之间的古老联系。如此一来，我们随波逐流，进入一个浮动通货的世界经济。

如今，在计算"噪声"的巨浪中，每天的"流动"（float）①已经膨胀到超过7.5万亿美元的水平，这是金融过度臃肿，由根本不受传统资本主义限制的中央银行主导。②

与此同时，一个庞大的信息产业帝国已然崛起，从苹果和亚马逊到谷歌和Meta③，这些公司雄踞全球最有价值公司榜单。克劳德·香农（Claude Shannon）、艾伦·图灵（Alan Turing）和约翰·冯·诺依曼（John von Neumann）在20世纪中叶构思和阐述的**信息论**，源于信息就是"意外的比特"（unexpected bits）

---

① 流动是指在银行兑现的现金或在银行间汇划过程中的资金。——译者注
② *BIS Quarterly Review: International Banking and Financial Market Developments*, ed. Claudio Borio et al. (Bank of International Settlements, December 2022). 自1989年首次调查以来，日交易总额增长了约1400倍，其中外汇掉期自1992年以来增长了14000倍。
③ 2021年10月28日，Facebook（脸书）首席执行官马克·扎克伯格（Mark Zuckerberg）宣布，Facebook更名为Meta，名称来源于"元宇宙"（Metaverse），意思是包含万物、无所不联，希望改变其问世以来自身所带的社交媒体标签。——译者注

这一洞察。①信息就是意外之事。信息论是定义这个时代的计算机和通信科学的核心。信息论使得信息时代这些巨型公司的主导语言、编码、数据系统、位、字节、网络架构、带宽测量和商业理念成为可能。

扩展到经济学领域，信息论现在正为一场新的经济革命提供基本信念，这场革命正在颠覆古典经济学大师的激励机制、唯物主义假设、有限资源和静态需求模型。这个新信息论正引领我们对经济学进行新理解，从而进入一个丰裕和富有创造力的新时代。

经济学的信息理论源于一系列核心真相，可归结为四个经典命题：

1. 财富就是知识。
2. 增长就是学习。
3. 货币就是时间。
4. 信息就是意外。

---

① Alan Turing, "On Computable Numbers, with an Application to the Entscheidungs Problem," *Proceedings, London Mathematical Society, Series 2* (1936); Claude E. Shannon, "A Mathematical Theory of Communication," *Bell System Technical Journal,* No. 27 (1948); Claude Shannon and Warren Weaver, *The Mathematical Theory of Communications* (Champaign, Illinois: University of Illinois Press, 1971). 为了提供数学方面的帮助，A. I. 辛钦（A. I. Khinchin）提供了一个清晰的阐释，参见 *The Mathematical Foundations of Information Theory* (New York: Dover Publications, 1957)。

时间是政客和他们的银行家唯一不能印制、歪曲、伪造或掺假的货币。

你只拥有那些你能够给予的东西。

货币只有在被投资时才会增值。

财富就是知识。你只能从你所知道的东西中获利。

信息是展现的意外之事——你不知道的东西。

经济学无关秩序和均衡,而是关乎创造力的,由扰乱、无序、经济增长和意外来判定。

经济增长是度量学习的标尺,体现在整个经济过程的学习曲线上。

经济学是随时间之乐起舞的。

第 一 章

后资本主义生活

"唯物主义迷信"是所有主要经济思想学派中最严重的错误。该迷信认为，稀缺的物质构成财富。

根据这种"唯物主义迷信"，经济学主要变成了一门分配总是稀缺的物质资源的科学。

如果经济学是对稀缺资源进行分配，政治就是强制执行这些不愉快的分配，而战争，呜呼，就是以其他方式延续政治。

即使是资本主义伟大的理论家和倡导者，也同意国家的财富源于"自利"，贬义的说法就是"贪婪"，此前则被称为"万恶之源"。这种人性之恶，据说反而会创造**商品**（goods）。然而，不要因这些商品而赞扬屠夫或者面包师，他们在自动的市场系统中除了追求自己的利益，什么都没做，市场无意识地被一只**看不见的手**引导，给民众提供一些面包和肉。

正是物以稀为贵，这些"商品"隐然将富人的财富和穷人的匮乏联系在一起。亚当·斯密本人相信，如果人们的需要总能得到满足，这个系统的动力就会消失。

如今，资本主义的胜利似乎带来了迄今为止对该系统最彻底的嫌弃。随着全球资本主义的兴起，丰裕解放了穷人，资本主义的批评者们找到了资本主义新的受害者，即地球本身。罪犯不仅仅是资本家，或者帝国主义者、银行家、商人、垄断者、犹太人，还有人类自身。我们是地球的祸根。

这是对资本主义最后的——用指控者们自己的话来说是无可辩驳的——指控：丰裕变成贫穷，因为资本主义掠夺了全世界。这个理由本身并不支持社会主义，但是支持政府主导的经济**可持续性**。很明显，该理由大获全胜。

的确，美国大约 57% 的注册民主党人表示同情社会主义，2016 年和 2020 年，民主党提名的总统候选人中排名第二的是一名注册的社会主义者。但是，美国人和欧洲人相信某种形式"可持续性"的比例远远高于曾经接受社会主义的比例。美国的小学和中学从来没有系统地讲授过社会主义。但可持续性被认为是唯一的逃避生态灾难的方法。根据 BBC（英国广播公司）的一项民意调查，56% 的中小学生相信人类注定要灭亡，因为人类会毁灭地球。[①] 按照新的唯物主义，我们被要求把有机生命的基础——二氧化碳，看作资本主义产生的毒药。监管这种有毒物质，就是授权一个实际的社会主义机构以可持续发展的名义行事。

[①] "Climate Change: Young People Very Worried—Survey," BBC, September 14, 2021, https://www.bbc.com/news/world-58549373. "超过一半（56%）的受伤者表示，他们认为人类注定要灭亡。"

我们也被迫接受了"应急社会主义"——尽管它并没有用这个名字，而是用"科学"的名字，并假设政府"专家"最了解情况。然而，我们可以用它的真实面目来称呼它。"应急社会主义"证明，在新冠疫情期间，美国政府接管整个美国经济及社会生活是合理的。"应急社会主义"的这种形式正在成为过往；但是，工具和技术，即宣传和恐吓，现在已是得心应手的反资本主义的武器，在任何需要的时候都可以派上用场。

在美国，我们比以往任何时候都更面对着**最消极意义的后资本主义生活**：一种匮乏、贫困和恐惧的生活。

但是，在资本主义生活之后，有一个不同的、更好的生活方式，它不仅能更好地理解资本主义的真实运作方式，而且完全驳斥了这种思想，即人类生产和繁荣是对地球的致命威胁。资本主义的理论，一开始就与资本主义最基本的现实格格不入，现实是资本主义带来了丰裕。亚当·斯密和他的继承者们并不是在试图**创造**一个经济体系，而是去**描述**经济事实上如何运转，正如他们所观察到的那样。他们的学说尽管是一个卓越而惊人的成就，产生了伟大的见解，却犯了根本性的观察错误和哲学错误。他们把资本主义理论建立在唯物主义奖惩的错误基础上，而不是建立在人类的独创性、创造力和积累智慧的基础上，犯了一个严重错误，一个随着时间推移而加重的错误。本书的目的就是要纠正这一错误，将经济学重新置于四个基本真理之上：财富就是知识，增长就是学习，货币就是时间，信息就是意外。

4 财富就是知识

本书的一部分是在夏威夷写的，我去那里同我的顾问，也就是其中两章的合著者夏威夷杨百翰大学的经济学家盖尔·普利（Gale Pooley），做最后的编辑。身处丰饶的热带，我和我的妻子，以及编辑理查德·维吉兰特（Richard Vigilante）发现，我们周围真的不缺食物。椰子树遍布四周，群鸡在草地上咕咕待"捕"，夏威夷果散落一地，菠萝随处可见，附近的海里鱼翔浅底。但是，我们根本没想过要采摘椰子和菠萝，或者捕鱼和拧鸡脖子。我们反而驱车去哈雷瓦的一家餐馆吃饭，花费147美元。当然，我们可以去商店买预定的龙虾科布沙拉和鲯鳅鱼菜肴等食材，在自家厨房做饭。但我们没有这么做。相反，我们用金钱，也就是我们应用于文章、图书和演讲的知识的所得，交换餐馆老板、厨师和服务员制作诱人菜肴的知识，他们有利可图，而我们也觉得价格公道。作为个体，我们交换的是我们称之为财富的不同知识。

在我们去餐馆的路上，还有另一条经济道理得说说。我们给汽车加满了由石油兑入10%的生物燃料乙醇制成的汽油。我们还通过了一排可以发电的巨型风车，也许有一天会给电动汽车充电。据认为，风车产生的电力是可持续性的，而石油不是。但是，认为石油不是一种可持续资源而风能却是的想法包含一种逻辑谬误。

风被认为是"免费的",就像阳光一样。石油被认为是稀缺的,甚至是"珍贵的",接近可利用的"峰值"。但是,所有形式的能量基本上都是免费的。洪荒以来,石油大多埋藏在地下,或者泄漏到地表,但人类对其价值或如何开采一无所知,更不用说如何把它提炼成汽油,并将它同政客描述为万灵药的乙醇混合,运送到世界各地的加油站,以高于加工运输成本的价格卖给愿意购买的消费者。当你把信用卡插入加油站时,你真正购买的是使交易成为可能的知识。

其中所涉及的材料无论是来自腐烂的恐龙或死亡的浮游动物和藻类的原始碳,还是来自制作乙醇的玉米,都无关紧要。原子丰富而免费,它们受物理和化学上的物质和能量守恒定律的支配。从化学工程到原油开采,从石油生产到服务站建设,从海陆运输网络到芯片制造,再到供应链的各个方面,正是这些知识使我们认为理所当然的加油站成为可能。

亚当·斯密是第一个伟大的资本主义经济学家,将他的经典巨著命名为《国富论》(The Wealth of Nations)①。他把财富归功于"劳动分工",即不同的人进行合作,通过交换技能和产品来赚钱。在选择强调劳动分工时,亚当·斯密差一点就找到了财富的真正来源,即**知识**。

---

① Adam Smith, *The Wealth of Nations* (1776). 这本书有许多版本,从 Kindle(亚马逊电子阅读器)电子书到纸质书。

增长就是学习

专业化，就像劳动分工一样，加速了学习，而国家通过学习促进了自己的财富。

过去半个世纪以来，全球经济增长最强大的推动力是戈登·摩尔（Gordon Moore）有关芯片的摩尔定律（Moore's Law），它断言芯片的计算能力每两年翻一番。①

摩尔定律是一种学习现象，与所谓的学习曲线有复杂的关联，它具体表现为拇指盖大小的硅片上可以连接在一起的晶体管开关的数量。学习曲线的概念在20世纪50年代和60年代由波士顿咨询集团（Boston Consulting Group）的布鲁斯·亨德森（Bruce Henderson）和贝恩公司（Bain and Company）的比尔·贝恩（Bill Bain）推广开来。学习曲线理论预测，在市场经济中，随着销售总量的翻倍，任何商品或服务的成本都会下降20%到30%。学习曲线适用于任何领域，从鸡蛋到货运里程，再到保险费用、航班座位、软件代码行数，是商业经济学中记录最

---

① Emily Elert, "Tech Trajectories: Four More Moore's Laws," IEEE Spectrum, July 26, 2013, https://spectrum.ieee.org/tech-trajectories-four-more-moores-laws. 这篇非常严肃的 IEEE（电气与电子工程师协会）文章，内容包括风车和其他被补贴的无聊事物，极大讽刺了摩尔愿景中的真实物理现象和市场。政府的补贴、保证、指令和被操纵的市场，最终会使从人类创造力的惊喜和意外发现中获得的知识变得无效。

充分的现象。

学习曲线实际上是衡量工人和管理人员在扩大生产和销售规模时，或者换句话说，随着他们在经验和技术方面的进步，**增加的知识量**有多少。他们学会了更好、更快、更有效地创造，从而削减了成本。

圣塔菲研究所（Santa Fe Institute）的一项研究表明，尽管摩尔定律基于时间而不是产量，但它本质上是一条学习曲线。[①]摩尔定律之所以看起来很独特——过去50多年来，每秒计算次数增长了100万倍（内存密度增长了20亿倍），是因为芯片上的

---

① Jim Handy, "Moore's Law vs. Wright's Law," *Forbes*, March 25, 2013. 学习曲线被认为是麻省理工学院研究员西奥多·赖特（Theodore Wright）首先于1936年在《航空科学杂志》（*Journal of Aeronautical Science*）上定义的。然而，波士顿咨询集团的布鲁斯·亨德森，将这种见解推广为一种"经验曲线"。参见布鲁斯·亨德森的《成本与经验曲线：为什么成本会永远下降》（Costs and the Experience Curve; Why Costs Go Down Forever），《商业逻辑战略》（*The Logic of Business Strategy*）第二章。但亨利·亚当斯（Henry Adams）在《亨利·亚当斯的教育》（*The Education of Henry Adams*）一书中，更早地抓住了这个定律的精髓。在这部写于19世纪末的自传式沉思录中，亚当斯将自己对经济增长动态的洞见称为"加速定律"，并定义了能源使用曲线，先于许多其他学者提出的相似指数曲线，在经济学的信息理论中被总结为学习曲线。我在1996年12月1日《连线》（*Wired*）杂志的《吉尔德范式》（The Gilder Paradigm）一文（https://www.wired.com/1996/12/gilder-3/），以及2002年1月1日《连线》杂志的《摩尔的量子飞跃》（Moore's Quantum Leap）一文（https:// www.wired.com/2002/01/gilder/）中特别讨论了摩尔定律。

晶体管数量以前所未有的速度增长。随着工业从通过化学反应（加热、压力和相变）加工物质，转向通过量子物理的微观世界从内部操控物质，学习曲线加速了。凭借竞争、模仿、研究、实验和工程天才，半导体工业学会了如何将晶体管的尺寸缩小到足以使计算效率每两年翻一番的程度。

大多数人，包括经济学家，把货币当作价值的衡量标准；当然，货币是一种记账单位，是一种价值储存手段，也是一种交易媒介。全球范围内有庞大的基础设施管理货币的使用。定义货币的价值是一个巨大的工程，包含计量经济学、购买力平价、消费价格指数、GDP 平减指数、生产率指标，以及其他复杂程序。不幸的是，它们最终陷入了混乱，或者我所称的"货币丑闻"。①

由于没有认识到我们正在进入一个超越资本主义的新领域，世界各国中央银行行长和政府都以创造财富的名义参与徒劳而反常的货币操纵流程。其结果是，商业变得荒谬可笑，从而削减了知识，即他们所追求的财富。

在经济学的信息理论中，价值来源于数量。学习曲线表明，数量驱动学习；相应地，知识创造财富。

---

① George Gilder, *The Scandal of Money* (Washington, D.C.: Regnery Publishing, 2016). 当美联储在 2022 年 12 月仍在考虑"持续一段低于趋势增长的时期"，作为"通货膨胀"的补救措施，而美元兑其他货币上涨，即使兑黄金也保持坚挺，这仍是同一个"丑闻"。另见 John Tamny, *The Money Confusion: How Illiteracy about Currencies and Inflation Sets the Stage for the Crypto Revolution* (Fort Lauderdale, Florida: All Season's Press, 2022). "优质货币永远不会供过于求"——钱是衡量价值的标尺，而不是价值本身。

2022年，全球GDP的年增长速度首次超过100万亿美元，这种情况甚至发生在乌克兰和俄罗斯之间的冲突、新冠疫情（在残存地区）带来的持续恐慌，以及一些世界领先经济体明显的政府管理失误的期间。硅技术绝对是这100万亿美元经济中最重要的工具，推动着几乎所有的经济发展。如果没有它，这100万亿美元GDP中的大部分就不存在。

这些财富——所有这些**钱**——在任何重要意义上都是物质的吗？硅经济的物质基础是沙子，既包含不透明的硅芯片，又包含透明的石英光纤线路。芯片化工中的另外两个关键成分是氧和铝。简而言之，推动这个价值100万亿美元的世界经济的因素，与物质**稀缺**无关，也无关金钱本身。这一切都与**知识**有关。

正如因摩尔定律而闻名、英特尔公司的联合创始人、硅器件的主要发明者之一的戈登·摩尔所观察到的那样："芯片的硅、氧和铝是地壳中最丰富的三种元素。"① 它们像土一样便宜，因为它们就是土。半导体和光学产业的几乎所有价值来自它们所蕴含的知识，来自积少成多的学习。

货币就是时间

在有价值的经济知识的交易中，我们不可避免地涉及货币的

---

① George Gilder, *Microcosm: The Quantum Era in Economics and Technology* (New York: Simon & Schuster, 1989). 这本书包含摩尔定律的早期历史和"熵上升曲线"。

作用。当我们购买汽油或一顿饭时，我们用**现金**或**信用卡**支付以换取产品和服务。当有人购买海滨房产时，他使用**资本**进行交换。当雇主雇用员工并购买设备开展业务时，他使用**营运资本**。当经济学家总结所有这些经济活动及其对我们每个人的好处时，他们称之为**财富**。

成功的金融家往往将他们的巨额财富视为对卓越知识的回报。政府也倾向于同意这一观点，尽管他们通常会抨击所谓的金融诡计和"金钱权力""内幕交易""垄断"，因为这可以使他们的一些行为合法化，比如扩大制衡性的、增加管制和税收的权力，以及委托中央银行印刷数万亿的货币用于政府的再分配和补贴。

对"金钱权力"的怀疑是全球性的。在西方，"可持续发展"被证明是一种有效的方式，可以增强政府对能源公司所谓贪婪行为的控制，并扼杀私营企业。

但是，对"金钱权力"的所有这些关注都是找错了对象。正如我希望在夏威夷拉伊的杨百翰大学经济学教授盖尔·普利、苏格兰圣安德鲁斯学院及加图研究所的马里安·图皮（Marian Tupy）的帮助下所证明的那样，货币不应该成为银行家和政治家的魔法棒，而应该成为企业家的衡量标准。① 我们的目标是推翻流行经济学的另一个重大错误：货币被视为商品、物品，代表经

---

① Marian Tupy and Gale Pooley, *Superabundance: The Story of Population Growth, Innovation, and Human Flourishing on an Infinitely Bountiful Planet* (Washington, D.C.: Cato Institute, 2022). 乔治·吉尔德作序。

济财富而不仅仅是计算它。正如我们将展示的那样，货币是**时间**的度量。货币不是用来囤积和操纵以实现经济目标的东西，它是时间、数量和价值的学习曲线的度量。

这并不意味着货币只是单纯的小时或分钟的流逝。它不是大量无形的时间。它是在生产过程中赚取的**标记化的**（tokenized）时间；我们在一定时间内生产的物品越多，我们在交换中可以获得的价值就越多。随着每小时或每分钟生产的单位物品数量增加，生产力增加了，或者说可以用于其他目的的时间增加了。

公司将这种时间的增加描述为货币利润。工人将其描述为货币工资的增加。但实际上，真正的货币最终根源于时间代币（token）。当你用尽了钱时，你实际上是用尽了赚更多钱的时间。时间无论是以光速还是以寿命衡量，都是起支配作用的经济和物质上的稀缺，它决定着价值的衡量。

在威廉·D.诺德豪斯（William D. Nordhaus）于1972年在耶鲁大学开创、朱利安·L.西蒙（Julian L. Simon）此后大规模推进的"时间－价格"革命的基础上，[①] 普利和图皮表明，需

---

① William D. Nordhaus, "Do Real-Output and Real-Wage Measures Capture Reality? The History of Lighting Suggests Not," Cowles Foundation for Research on Economics at Yale University, 1998. 1993年，它被首先提交给国家经济研究局（National Bureau of Economic Research）。参见Julian Lincoln Simon, *The Ultimate Resource* (Princeton, New Jersey: Princeton University Press, 1982). 图皮和普利的划时代工作，源于对朱利安·L.西蒙与斯坦福大学教授保罗·埃尔利希（Paul Ehrlich）之间著名打赌的考察——对于埃尔利希选择的任意五种商品的价格，如何根据前后时期的新数据成功进行对比。

求是丰饶而非稀缺的产物。这是萨伊定律——供给创造自身的需求——的一个变体。以我们的芯片为例，尽管对经济增长做出了巨大贡献，但芯片产业本身仅占世界经济的 0.6% 多一点，即 100 万亿美元中的 6500 亿美元。如果半导体的成本增加十倍，经济学家可能会估计它们将占据世界 GDP 的更大比例，因为经济学家会用它们的物质价值——货币——来衡量。但是以十倍的成本计算，芯片的用途并不会减少到原来的 1/10。它们在总 GDP 中的份额不会增加，而是会下降。

半导体的真正产出是时间，为其他目的节省了时间，包括可以生产的其他产品。我们说晶体管的多少在一个经济体中"起决定性的作用"，为最高效和最有生产力地利用其他资源提供动力。时间是唯一真正稀缺的资源，而不是晶体管，晶体管成本现在接近十亿分之一美分。

经济增长来自**学习**，来自通过经验积累知识，来自可以被检验的实验（包括市场上的盈亏，而市场成为创业实验的试验场）。财富就是知识，由作为时间的货币来衡量，当其他一切变得丰富时，时间是唯一稀缺的资源。时间是衡量生产力、经济价值和丰富程度的终极标尺。

信息就是意外

意外是新信息的真正定义，"信息论"是现代计算和通信的基础，也是信息经济中不可或缺的科学。当麻省理工学院的克劳德·香农为美国军方革新信息论时,他的目标是发现如何通过有限的信道——无论是电报、电话、无线电还是紧急信标——实现最大化的通信。他展示的第一步,是在信息本身上进行节约,消除一切不必要的内容。在无线电出现之前,海上的船只通过或许只有单一信号的旗帜彼此传递信号。通过使用密码本,一个或两个信号就可以变成一项指令。香农意识到,在大多数通信中,只有令人意外的、不可预测的部分是必要的。新的信息,即我们需要学习的信息,是意外的信息。

任何了解信息论(和信息经济学)并希望增加国家财富的政府,都会提供一个尽可能少受监管的自由市场,这是一个包含供需、盈亏与合作价格信号的信息系统,以便经济信息、新信息和意外信息自由流动,增加学习,从而提高生产力。正是知识和来自意外信息的创新,将自然界丰富的物质,比如食物和纤维、燃料和矿石,转化为财富。后资本主义生活,是一个仅受西蒙所说的终极资源——人类知识和创造力的范围——限制的经济;或者换句话说,它是一个随信息和知识的扩展而产生的超级丰盈的经济。

第 二 章

货币就是时间

自 1986 年以来，美国农场局联合会（American Farm Bureau Federation）①每年都会编制一份感恩节晚餐价格调查报告，其中包括一只 16 磅（1 磅约为 0.45 千克）的火鸡和所有的配菜：14 盎司（1 盎司约为 0.03 千克）的切块填料、3 磅的红薯、1 磅的青豆、1 磅的蔬菜拼盘、30 盎司的南瓜派、12 盎司的新鲜蔓越莓、12 个面包卷、2 个馅饼皮、半品脱（1 美制湿量品脱约为 473 毫升）的淡奶油、1 加仑的牛奶以及一些额外的食材。

　　美国农场局联合会指出，尽管感恩节大餐的名义价格在 36 年间上涨了 70.10%，但这主要是由于通货膨胀。根据通货膨胀调整后的实际美元计算，感恩节大餐的价格基本保持不变。②

---

① 美国农场局联合会是美国最大的农业利益集团组织，代表美国农民和农业企业的利益。——译者注
② Marian Tupy and Gale Pooley, *Superabundance: The Story of Population Growth, Innovation, and Human Flourishing on an Infinitely Bountiful Planet* (Washington, D.C.: Cato Institute, 2022), 乔治·吉尔德作序，第 353—355 页。

美国农场局联合会认为这是个好消息，但我们也可以从其他角度来看待此事。在这段时间里，美国的消费者基数和购买力都大幅增长，而政府的农业补贴每年从 50 亿美元到 300 亿美元不等。农民和农业经销商在机械和运输、研究和技术方面进行了巨额投资，然而美国农场局联合会认为自 1986 年以来，美国的食品生产和经销行业一直处于停滞不前的状态。他们未能降低实际食品价格。这是真的吗？或者，我们可能在错误地衡量价格吗？

我们为任何东西支付的实际价格，并非由被操纵的政府货币和马虎粗糙的通货膨胀调整来最好地表达。真正的价格是赚取购买商品和服务的货币所需的时间。当我们花钱时，我们花费的是我们的时间，也就是我们积累这笔钱所花费的时间。正如耶鲁大学诺贝尔经济学奖得主威廉·D.诺德豪斯所证明的那样，由于未能考虑**时间**因素，经济史主流观点严重低估了经济进步。他通过详细分析人们几千年来如何生产光线，从洞穴火焰到巴比伦芯灯，再到蜡烛、白炽灯和荧光灯，以及所需的成本，从而证明了这一点。

1994 年，诺德豪斯为国家经济研究局（National Bureau of Economic Research）撰写了一篇论文，题为《真实收入和真实工资方式是否反映现实？照明的历史表明并非如此》。[1] 诺德豪斯

---

① William D. Nordhaus, "Do Real-Output and Real-Wage Measures Capture Reality? The History of Lighting Suggests Not," Cowles Foundation for Research on Economics at Yale University, 1998. 1993 年，该论文被首先提交给国家经济研究局。

第二章 货币就是时间

得出结论：

> 每晚燃烧3小时的一个现代100瓦白炽灯每年会产生150万流明小时的光亮。在19世纪初（1800年），要获得这么多的光亮需要燃烧1700支蜡烛，而普通工人则需要辛勤劳作近1000小时才能赚到足够的钱购买这些蜡烛。在现代，如果使用一个紧凑型荧光灯，这150万流明小时的光亮只需要22千瓦时，普通工人工作约10分钟即可购买（1990年）。15

这是缩小到原来的1/6000。对于那些关注这个问题的经济学家来说，诺德豪斯的研究是一次范式转变。正如我在2013年出版的《知识与权力》一书中所写，经济学家们犯了错误，因为他们"过于关注货币价格，而忽视了真实的劳动成本，即工人需要劳动多少小时才能购买到光明"①。

然而，诺德豪斯的方法面临一个明显的困难，也就是它不具备可扩展性。没有人能够评估现代经济中无尽的变化和改进对商品和服务的"真实"影响。但是，通过用一个简单的方程式取代诺德豪斯极其详细的计算，我最欣赏的经济学家盖尔·普利和马里安·图皮正努力实现诺德豪斯研究的可扩展性。用名义价格除

---

① George Gilder, "The Light Dawns," chapter 7 in *Knowledge and Power: The Information Theory of Capitalism and How It Is Revolutionizing Our World* (Washington, D.C.: Regnery Publishing, 2013).

以名义劳动工资，他们把创新的两个关键效应，即工资的上涨和成本的下降，合并为一个数字。

如果我们用感恩节晚餐来测试一下，将名义货币价格除以小时工资，得到一个以小时和分钟计算的时间价格，那么自1986年以来，对于无技能工人来说，感恩节晚餐的价格下降了29.7%；对于熟练的蓝领工人来说，感恩节晚餐的价格下降了31.5%（见图2-1）。然而，对于任何特定的工资收入者来说，即使是这些数字，也具有误导性。无技能工人通常不会在整个职业生涯中处于无技能状态。绝大多数工人会晋升到中产阶级。

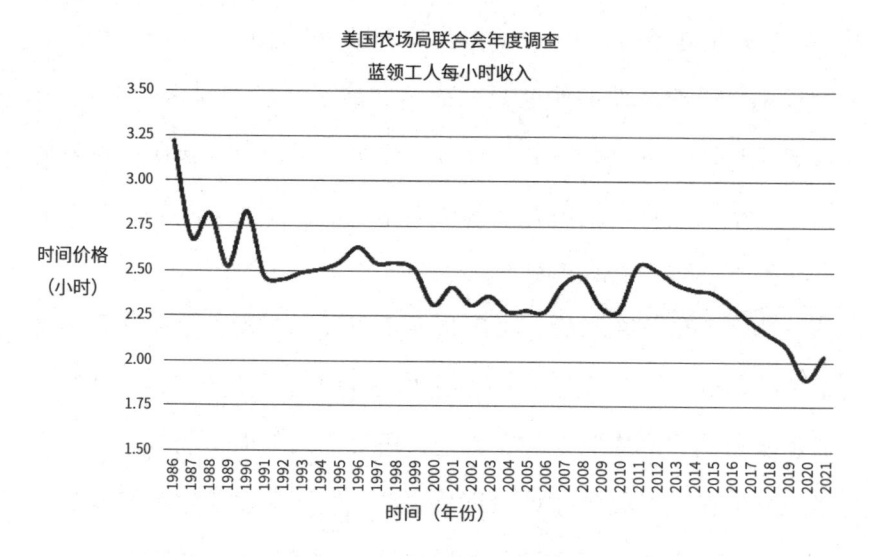

图 2-1　感恩节晚餐时间价格

假设按照普通的晋升和学习曲线，一个不熟练的劳工在1986年需要花费32.9分钟才能赚到一顿感恩节晚餐的费用，而在

2021年，假设该劳工已经晋升为熟练的蓝领工人，他只需花费9.2分钟。对他而言，晚餐的时间价格下降了70%以上。

使用图皮和普利的方程式可以证明，在一个半世纪的时间里，以时间价格，即每单位劳动时间所能购买的数量来衡量，资源丰富度每年以4%的速度增长。这意味着每50年真实世界经济中所谓的自然资源增长约7倍。在任何企业家可以自由地创造和推销其发明的地方，时间价格都会下降。时间价格显示，在21世纪头20年，中国经济在经济市场化制度下平均每年增长超过10%。

16

每个人，无论贫富，每天只有24小时。但随着时间价格的下降，往往是穷人受益最多。他们几乎不再把每天醒着的时间都花在捕猎和采集（字面意思或比喻意思）上，而是有了"作为专业化生产者"和"作为多样化消费者"的自由。例如，正如图皮和普利的权威著作《超级丰盈》所展示的那样，在印度，为一天的饭食购买足够的大米的时间价格从1960年的约7小时下降到当下不到1小时。在印第安纳州，购买相同数量小麦所需的时间价格从1小时下降到7.5分钟。印度农民获得了6小时2分钟的时间去做其他事情，而在印第安纳州购买小麦的人则获得了大约52分钟。每个人都从这种经济进步中受益，但穷人受益最多。

17

使用图皮和普利的数据，我们也可以看到资源和能源并**没有**耗尽，人口增长也**不是**"不可持续的"，所谓的"气候变化"也**没有**在全球造成巨大灾难。图皮和普利表明，尽管自1980年以来大气中的二氧化碳含量增长了22%，但其影响既对环境无害，也没有对经济造成灾难：世界经济增长了518.98%，度量的结果是，资源、食品和其他产品及服务的丰富度不断增加。

在这些时间价格中，没有任何迹象表明，中产阶级的生活水平下降或购买力减弱。美国的衰落是文化和家庭方面的，而不是经济方面的。但是，无论哪个阶层的美国人，只要有家庭和有生产性的工作，都比以往更好。

1935年，著名英国经济学家莱昂内尔·罗宾斯（Lionel Robbins）总结了两个世纪的经济思想，将经济学定义为稀缺的科学："经济学……研究人类行为，即目标与具有多种用途的稀缺手段之间的关系。"① （大多数经济学家仍然持有这种观点，但他们是错误的。）

过去，他们的错误付出了巨大的代价，并且在"可持续性"的幌子下，未来可能会为"可怕的行动"提供合理化的借口。可持续性活动家提倡托马斯·马尔萨斯（Thomas Malthus）牧师在历史上已名誉扫地的概念，即人口的几何扩张与维持人口的食物的线性增长之间存在着致命的冲突。马尔萨斯在1798年宣称，面临有限的地球资源，人口增长最终是"不可持续的"。

---

① Lionel Robbins, *An Essay on the Nature and Significance of Economic Science* (London: MacMillan and Co., 1935), 15. "达到目的的物质手段是有限的。我们被赶出了天堂。我们既没有永生，也没有无限的满足。无论我们走到哪里，如果我们选择了一样东西，我们就必须放弃其他东西；而在其他情况下，我们却不希望放弃这些东西。缺乏满足不同重要目的的手段，几乎是人类行为的普遍限制。"

《理性乐观派》的作者马特·里德利也持类似看法："在爱尔兰大饥荒期间，曾是马尔萨斯的学生的伦敦财政大臣助理查尔斯·特里维廉（Charles Trevelyan）称，饥饿是一种'减少过剩人口的有效的机制'，并补充说，'至高无上的智慧从短暂的邪恶中产生永久的善良'。"①

　　第二次世界大战结束后，知名哲学家和数学家伯特兰·罗素（Bertrand Russell）将人口过剩问题重新提上议程，称其为全球危机。他评论道，即使战争作为人口增长的一种"解决办法"，也被证明是"令人失望的"。他愁眉苦脸地建议，也许在未来，"细菌战可能会更加有效"。

　　20世纪60年代末，斯坦福大学教授保罗·埃尔利希继续哀叹，他在畅销书《人口炸弹》（*The Population Bomb*）中预言全

---

① Matt Ridley, *The Rational Optimist*, illustrated edition (New York: Harper-Collins, 2010). 从《基因组》（*Genome*）到《机灵的基因》（*Agile Gene*），在进行了生物学的信息理论最权威的研究后，里德利在几部经济思想杰作的第一部《理性乐观派》中，挖掘引用了这门沉闷科学的许多资料。关于丰饶理论的后续作品包括《万物演化：新思想如何产生》（*The Evolution of Everything: How New Ideas Emerge*），以及也许是其所有大作中最耀眼的《创新如何发挥作用：为什么它在自由中蓬勃发展》（*How Innovation Works: And Why It Flourishes in Freedom*）。2022年12月，里德利在YouTube（优兔）上对乔丹·彼得森（Jordan Peterson）进行了近两个小时的采访，他从新冠病毒不可避免地是人造病毒开始，并以试图调和认知悖论和基督徒彼得森这个难以驱散的神学阴霾结束。里德利从反叛的无神论高压中获得了巨大的反向能量，这种天赐的能量如此有力，以致作为发现研究所（Discovery Institute）联合创始人的我和像彼得森这样认为"信仰必要"的先知，都很高兴。

球将面临饥荒,除非地球人口减半。他承认:"这个过程将需要许多看似残酷无情的决策。痛苦可能会很剧烈。"但是,他辩称,这将是"为了一个善良的目的而施加的强制"①。

里德利指出,这种"目的使手段合法化"的逻辑在很多时候被使用过:"20世纪20年代加利福尼亚的强制绝育计划,40年代德国的大规模屠杀,60年代印度的半强制绝育,都以造福未来的世代为理由,为巨大的苦难辩护。"②当然,它们并没有**造福**未来的世代,而是**消灭**了未来的世代。

全球人口增长与有限地球资源之间存在固有冲突的信念,困扰着世界决策者,使世界经济陷入停滞,使年轻母亲感到沮丧,给人类的未来蒙上一层阴影,并引发了空洞的全球"可持续发展"运动。

但是,普利和图皮证明可持续性本身是不可持续的。他们展示了从1980年至2020年期间,尽管人口增长了75%,但维持生命的50种关键商品的时间价格下降了75%。**这意味着对于人口增长的每一个增量,全球资源增长了8倍。**他们推进了朱利安·L.西蒙的观点,即唯一有意义的稀缺是人的生命。人们不是资源的负担,而是最终的资源。普利和图皮将经济学从"沉闷的稀缺科学"转变为一门救赎性科学——解放人类创造力以在时间

---

① Paul Erhlich, *The Population Bomb: Population Control or Race to Oblivion*, rev. ed. (New York: Ballantine Books, 1971). 不管修正与否,我们仍然注定要在2022年因饥荒而死去之后,过着虚幻的来世。

② Ridley, *The Rational Optimist*.

的唯一限制下创造丰裕。

当其他一切变得丰富时，我们所缺乏的是我们的分钟、小时、天和年。时间是唯一无法回收、储存、复制或恢复的资源。时间价格计算赚取购买商品和服务所需的小时和分钟。与货币价格不同，时间价格是明确而普遍的。所有其他价格都是循环的，通过被衡量的价值来衡量价值，通过商品来衡量商品，通过货币市场来衡量市场价值；而时间价格认识到，货币仅仅是将时间的稀缺性转化为交易和估值的工具，**即标记化的时间**。在这不可逃避的现实之外，价格是主观的。

时间价格衡量方法可以转化和澄清几乎所有的经济计算和假设，从经济增长率到债务负担的分量、不平等程度、大气二氧化碳的影响，再到真实利率水平。

正如图皮和普利所展示的那样，在全球范围内，从1980年到2022年，工人们用他们的时间能够多购买大约300%的商品和服务。农产品和海产品，包括茶、咖啡、虾和鲑鱼，其价格甚至便宜了80%。没有必要去计算篮子里每个物品的实物效率和产量。只需计算工作的小时和分钟，然后将其除以相关经济部分的货币度量。

这是一个突破，但智慧之旅才刚刚开始。

时间价格显示，经济进步远远快于经济学家的估计。就像时间不会倒退一样，真实利率，即衡量时间支出的真实平均回报，并没有陷入负值领域，而是保持在3%至4%之间。而且，中国的经济增长速度甚至超过了其所宣称的。这意味着相比美国（政府支出占 GDP 的 37%)来说,中国的政府支出要低得多(不到 GDP 的 20%),迄今为止可能为商业提供了更宽松的环境。由于税率较低且政府支出占 GDP 的比例较低,中国可能比世界上任何其他国家都更快地增加实际政府支出。

利用普利和图皮的工作,我们可以反驳政治经济学争鸣中的七个常见假设。①

1. 全球化对美国来说是坏事,但对中国和其他国家来说毕竟是好事。**时间价格显示两个国家都受益匪浅。**
2. 自 1980 年以来,全球经济增长一直在放缓。**时间价格并未提供任何证据表明除了 2008 年的大衰退之外,经济增长有明显放缓。**
3. 技术创新正在全球范围内下滑。**时间价格将创新带来的两个收益维度,即成本和收入,合并为一个数值,显示创新在持续增长。**
4. 贸易逆差在某种程度上对美国经济和中产阶级造成了伤害,需要进行彻底的"修复"。**随着贸易逆差的增大,时间价格已经暴跌。经济增长大致与贸易乘以时间价格同比增长,同货物和服务账户与资本账户之间的"平衡"无关。**

---

① 在《超级丰盈》中,图皮和普利提供了对时间价格的严格说明,为本章的论点提供了充分的统计依据,即使他们可能不接受所有仍然存在争议的细节和结论。

5. 低实际利率或负实际利率正在导致经济和股市出现"泡沫"和不平衡，需要进行彻底纠正。**考虑到中央银行的货币操纵和欺诈行为，实际利率仍处于正常水平。中央银行无法显著影响以时间价格衡量的实际利率。**

6. 美国的赤字超过 1 万亿美元，预示着一个未来的经济危机。**从时间价格的角度来看，美国的经济增长依然强劲，如果不受贸易摩擦、政治性供应链中断、有害的税收增加或"应急社会主义"的破坏，它能够维持较大的赤字。**

7. 全球债务超过 250 万亿美元的问题是完全不可持续的，而且在某个时候将导致通货膨胀。**全球经济持续以 5.05% 左右速度增长，每 14.07 年翻一番。如果美国不通过战争和保护主义来阻止全球贸易增长，或者通过高税率和过度监管科技行业来扼杀进展，那么美国是可以应对债务负担过重的。**

扩大世界贸易和经济自由创造了世界经济的黄金时代。然而，为了维持这个黄金时代，我们需要一种能反映观察到的丰富事实的经济学。尽管资本主义"丰富无限"，但它从未能够抵御社会主义的挑战。这主要是因为，无论他们在政策上有何不同，他们的形而上学都是相同的。

资本主义理论，至少从亚当·斯密开始，一直依赖于支撑社会主义的"唯物主义迷信"。这种"唯物主义迷信"认为：财富是由物质而非思想构成的，是由积累的资本而非积累的知识构成的；人们主要是消费者而非创造者，是一张张嘴巴而非一个个头脑。资本主义理论还受到某种语言的束缚，这种语言同样无法摆脱那种社会主义的唯物主义和决定论前提。

资本主义需要的是这样一种经济理论，它不仅能解释经济增长，而且能为其辩护，它以如下事实为基础：近几个世纪的经济增长不是通过掠夺"自然"资源实现的，而是通过再生这些资源；不是通过积累物质，而是通过用思维替代物质；不是通过浪费能源，而是通过更巧妙地利用能源。我们积累财富的方式不是从地球上偷取，而是通过增加人类的知识储备。正是人类的智慧创造了经济增长和财富。

第 三 章

经济人神话

资本主义的批评者和几乎所有的捍卫者都认为，资本主义本质上是一种激励体系。2021年，电视记者和专栏作家约翰·斯托塞尔（John Stossel）讲述了一场辩论，辩论双方是自由与繁荣中心（Center for Freedom and Prosperity）的供给侧经济学家丹·米切尔（Dan Mitchell），以及曾担任比尔·克林顿（Bill Clinton）总统的劳工部部长、现加利福尼亚大学伯克利分校教授罗伯特·赖克（Robert Reich）。米切尔声称，亿万富翁是资本主义体系成功的标志。他说："我希望我们能有一百位新的超级亿万富翁，因为这意味着有一百个新人找到了让我们的生活变得更好的方法。"

赖克以平等的名义谴责了这个论点，并呼吁通过一项"财富税"来"废除亿万富翁"，为了实现这个目标，这个税收必须是没收性质的。他否认这会阻止超级富豪进行投资和创新。他说："像杰夫·贝索斯（Jeff Bezos）这样的企业家，也会受到1亿美元甚至5000万美元的激励。"

24　　　　米切尔似乎接受了赖克的唯物主义激励模型,但否认如果赖克的意愿得以实现,激励措施将足够强大:如果亿万富翁的收入和财富减少了数亿美元,也许他们会"轻松一下……退休,开着游艇环游世界……去消费而不是去储蓄和生产"。

大多数像米切尔和赖克那样的经济学家,将资本主义视为一个由物质奖励和惩罚驱动的机制:人类是**经济人**,基于快乐和痛苦的享乐主义计算,理性地计算自己的利益。

但是,尽管物质激励可能会激发人类行为,但它们与推动经济增长的创新无关。每个无家可归者可能都渴望拥有福特、约翰·洛克菲勒(John Rockefeller)、比尔·盖茨(Bill Gates)、贝索斯或乔布斯那样的财富。他们都拥有相同的神经系统,以及对快乐和痛苦的相同取向。但无论你提供什么样的财富,除非这些无家可归者都是隐藏的天才,具有巨大的创造力、出色的职业道德和对学习与应用知识的热切渴望,否则他们不会将他们新获得的资本转化为创造一辆T型车,并将其扩展到新的交通经济、石油工业、计算机操作系统和互联网。

在资本主义下,资本不是流向那些能够**最好地花费资本**的人,而是那些能够**最好地扩大资本**的人。扩大财富——使许多人受益——取决于知识和学习,而不仅仅是激励。通过将资本主义主要视为一个由物质奖励和惩罚驱动的激励系统,现行经济学忽略了真正推动经济增长的因素,即创造力、知识和学习;并且,它没有提供简单的方法来回应批评者对贪婪的指责。激励模式意味着经济学的问题在于**激励**人们创造财富,而不是**使**他们**有能力**这样做。

这种对财富创造方式的错误理解，将古典自由主义经济学家、供给侧经济学家联系在一起。他们都反映了某种形式的传统经济思维，但他们都是错误的。

自由主义者相信，通过遵循唯物主义的激励，人们将创造出一种"自发秩序"，在这种秩序中，每个人都更加自由和满足，只需要最少的国家规则和法规。

供给侧经济学者相信，在一个丰饶的世界里，激励措施对于促进经济增长的作用是如此强大，以致人们在较低的税率下最终会向税务部门缴纳更多的税款，因为受到激励的投资者会积累资本以获得越来越高的回报，甚至政府支出也会蓬勃发展。

这位左翼的赖克教授则希望围绕平等、公平、民主、少数民族正义，健康、教育、住房等免费服务和有保障的收入，以及保护地球环境可持续性等目标，设计激励制度，这些都完全按照科学训练的专家和理想主义者提供的计划进行。

自由主义者寻求一个最小政府的国家，供给侧经济学者寻求一个审慎仁慈的国家，社会主义者寻求一个科学管理的国家。从美国到中国，所有人都同意经济是通过给予民众奖励和惩罚来运作的。

因此，各派经济学家都关注他们认为可预测的经济人对激励的反应。在"完全竞争"的制度下，一个高效的市场符合"一价定律"。在这样一个高效的制度下，市场经济学家认为市场根据供求寻求均衡。然而，这个模型无法解释引发创新、增长和繁荣的意外事件，也无法解释加速学习过程。

26　　　当亚当·斯密创立经济科学时，他的模型是牛顿物理学，一个固定点——在牛顿的情况下是重心（在经济学中是供求平衡）——在没有力（或激励）的作用情况下不可能改变方向，并且每个行动都有可预测和必要的反应。现代经济学家从达尔文、新达尔文生物学、化学和物理学中添加了新的方案。他们设想整个宇宙，包括恒星的浩瀚、黑洞、行星的全景、生命起源前的原始汤①、生命的起源，最后是人类群体，都是惰性物质引起的结果。他们认为，这样做是使他们的论述具有科学尊严的唯一途径。

　　自由市场经济学家弗里德里希·哈耶克认为，经济体自下而上地演化，像生物系统一样是不受控制的自发行为。②诺贝尔经济学奖得主、自由派经济学家保罗·克鲁格曼（Paul Krugman）在其早期著作《自组织经济》（The Self-Organizing Economy）中提到了同样的观点。③这个观点是，经济体自然而然地产生，在激励的影响下实现复杂性和平衡，就像生物生态系统根据自身的

---

① 原始汤是指地球早期生命起源之前的一种最初环境。原始汤理论认为，地球上的原始海洋中含有大量的有机物质，这些有机物质在适当的条件下可能形成生命的基本组成部分。但是，从原始汤到生命材料氨基酸再到形成细胞生命，还有相当长的距离。——译者注

② David Rehr, "Hayek's Legacy of the Spontaneous Order," Federal Reserve Bank of Minneapolis, June 1, 1992, https://www.minneapolisfed.org/article/1992/ hayeks-legacy-of-the-spontaneous-order.

③ Paul Krugman, The Self-Organizing Economy (Hoboken, New Jersey: Blackwell Publishing, 1995).

激励、自私的基因和适者生存的原则进行演化一样。唯物主义者渴望通过所能看到和测量的东西来解释宇宙，但拒绝其背后存在某种创造性设计的想法；一切都必然是决定性物质力量的结果。

虽然我们可以轻易地观察和描述工作中的激励因素，但创造力除了效果之外，几乎无法被观察。我们知道为什么我们更喜欢便宜的价格而不是昂贵的价格，或者更高的薪水而不是较低的薪水。但是，我们很难想象出，是一连串的创新和发明使这些事情成为可能。因此，我们将它们都归结为对激励的回应。

这种对激励的理解几乎被所有现代经济学家共享，与达尔文关于人类思维是自然选择激励的产物的观点相一致，这种激励偏好某些随机突变。达尔文理论的问题在于，它是同义反复的：适者生存，生存适者。这种同义反复的还原主义也困扰着现代经济学。因此，它没有告诉我们，在一个创造力蓬勃、不断学习、财富丰裕的社会中，理想、抱负和行为模式是什么。

正如达尔文否认上帝是世界的创造者或"智能设计者"，现代经济科学的很大一部分也否认这一点，即使是运作世界的人类也不可能进行智能设计或创造。经济理论将企业家描绘为仅仅是机会侦察员、套利者或可用化学元素的组装者，无法解释创新产品和服务的发明。它对经济扩张的看法仅限于"资本积累"或人口增长。它关注的是贪婪而不是创造力，关注的是对稀缺的现有物质资源的零和竞争，而不是创造繁荣的人类智慧。

讽刺的是，现代经济学家往往忽视了我们这个时代最引人注目的经济发展。这就是信息论，它推动了计算机和通信技术的高科技革命。由麻省理工学院的克劳德·香农发展起来的信息论的关键，在于将内容与载体分离，也就是将信息与传输它的工具分开。它需要一个低熵（可预测的）载体来承载高熵（不可预测的）的信息。香农将信息定义为意外的比特，或者说"新闻"，并通过复杂的对数规则计算其在"通道"上的传递。这个通道可以是一根电线，或者是一段距离内的其他路径，也可以是信息在时间跨度上的传递，比如进化过程中的信息传递。①

将内容与载体分离的原则贯穿了整个计算机科学，通过通用计算机的概念来实现。这个概念最早由备受折磨的天才艾伦·图灵设想出来，"图灵机"是一个理想化的计算机，可以使用任何可用的材料来构建，从沙滩沙子到魔力磁球（buckyballs），从芯片到火柴棍。图灵明确指出，计算机的本质不在于其物质实质，而在于其思想架构。②

计算机对"唯物主义迷信"构成了无法逾越的障碍。正如信息论所显示的那样，在计算机中，内容明显独立于其物质基质。对计算机材料的任何可能的了解都无法提供其实际计算内容的任何信息。你可以整天透过显微镜盯着计算机的内部，或者考虑计

---

① Claude Shannon, *Collected Papers* (New York: Wiley-IEEE Press, 1993). 香农的著作收录于 IEEE 所编的这本书，其中包括对香农及其同事的采访。

② Alan Turing, "On Computable Numbers, with an Application to the Entscheidungs Problem," *Proceedings, London Mathematical Society, Series 2* (1936).

算机组件的完整清单，但永远无法得到关于其结论的任何线索。关于信息传输通道的纯物理理论无法解释其承载的信息，反映了香农对"新闻"的度量。信息的定义是它不由外在决定：如果信息由其传输的通道决定，那么它是可预测的，因此根据定义，它不是信息。

某物要成为信息，就必须与构成它或传输它的物质有所区别。信息最先出现：它规范着物质世界，而不是相反。《圣约翰福音》（Saint John's Gospel）的开篇实际上是计算机科学、经济学和真正科学本身的核心教义：太初有**道**（in the beginning was the Word）。

当这个想法在20世纪90年代首次浮现在我脑海中时，我还是一个矛盾的世俗知识分子。但在经过大约55年的科学技术研究和写作之后，我可以凭经验证实这个原则。当今，在几乎所有的技术领域，从量子理论和分子生物学到计算机科学和经济学，从业者和理论家们对于"**道**"（the word）越来越关注。

"道"有许多名称：标志、逻辑、比特、字节、数学、软件、知识、语法、语义、代码、计划、程序、序列、设计、算法、量子位，以及无处不在的"信息"。在每种情况下，信息都独立于其物理体现或载体。生物学家常常将信息模糊为不准确的局部代表全部的DNA（一种物质分子），将生命视为生物化学而非信息处理。①但携带"道"的脱氧核糖核酸本身并不是"道"本身。

---

① James D. Watson, *DNA: The Secret of Life* (New York: Knopf, 2003).

就像一张纸或一块计算机内存芯片一样，DNA承载着信息，但它的化学性质与其内容无关。核苷酸"碱基"形成"道"，而不需要与围绕它们的螺旋糖磷酸骨架相结合的化学键的帮助。遗传信息（道）的形成并不受其框架的化学性质支配，就像拼字游戏中的信息并不受木质架子的化学性质或保持它们的重力的影响。

这个现实表达了弗朗西斯·克里克（Francis Crick）的一个关键洞察，他是发现DNA双螺旋结构的诺贝尔奖得主之一。克里克阐述并确立了他所称的分子生物学"中心法则"[①]。这个中心法则表明，影响可以从DNA分子上核苷酸的排列传到蛋白质中

---

① Francis Crick, "Central Dogma of Molecular Biology," *Nature* 227, No. 5258 (August 8, 1970): 561 – 563. 参见 Matthew Cobb, "60 Years Ago, Francis Crick Changed the Logic of Biology," *PLoS Biology* 15, No. 9 (September 2017)：克里克的演讲《关于蛋白质合成》(On Protein Synthesis, 1957年9月19日，在伦敦大学学院实验生物学学会关于大分子生物复制的研讨会上），"现在经常被称为'中心法则'演讲，因为就是在此次演讲中，他第一次公开提出这个经常被误解的概念（在DNA、RNA和蛋白质之间规定了一个单向路径；DNA编码可以为蛋白质的生成提供信息，但蛋白质不能编写DNA代码）。这次讲座的内容实际上更加丰富，克里克概述了他对生命和遗传信息的本质以及蛋白质折叠的来源的看法，做出了两个大胆而引人注目的准确预测。一是必须存在一个小的'适配器'分子(现在被称为tRNA)，可以把氨基酸带到蛋白质合成的位置。二是未来，科学家通过比较序列数据能够探索丰富的演化信息来源。克里克这一简短的演讲，深刻地影响了我们的思维方式。在《创世的第八天》(*The Eighth Day of Creation*)中，记者霍勒斯·贾德森（Horace Judson）对此赞誉有加，他宣称，在60年前的那一天，克里克'永久改变了生物学的逻辑'"。

氨基酸的排列，但不能从蛋白质传到DNA。

20世纪初，当人们发现原子并非像牛顿所想的是"实心且不可分割的粒子"，而是量子信息的复杂活动场时，经典物理学开始崩溃。物理学中原子的对应物是生物学中的细胞。事实证明，生物细胞并非像人们长期以来所认为的是"简单的原生质块"，而是一个微观信息处理器，以超级计算机的速度合成蛋白质。在这一发现的背景下，久已确立的达尔文唯物主义生物学也正在崩溃。

不去面对细胞和信息，任何进化理论都不能成功。在每个人体的大约15万亿个细胞中，生命信息在我们神经系统中流动的速度，完全使全球超级计算机的数据传输速率相形见绌。仅仅是将大约500个氨基酸单元组装成数万亿个复杂的血红蛋白分子，用于将氧气从肺部输送到身体组织中，就需要每秒大约250拍（Peta，10^{15}）次运算。这个速度仅仅需要数纳瓦特（nanowatt）①的能量，比需要数百万瓦特的超级计算机的处理速度还要快。

然而，细胞的计算机模型仅限于信息功能，它们只能执行DNA解码的初始步骤，并将信息进行数字到模拟的转换。这些模型并不完成细胞的其他壮举：始于从编码中合成蛋白质分子，然后将蛋白质精准地折成所需的精确形状，并将它们组成功能系统。仅仅模拟而不执行蛋白质合成和"自适应"（plectics）过程，

---

① 1纳瓦特＝十亿分之一瓦特。——译者注

足以使谷歌的 AlphaFold 宣称，这是人工智能和机器学习的最重大突破。

唯物主义者对信息的首要性有几种反驳。所有这些反驳都可以归结为试图通过将信息缩小为一种物理功能来压制它。就像儿童寓言中旋转的老虎一样，信息的递归循环的名称绕着生命之树追逐它们的尾巴，直到最后只剩下一摊混浊的东西，C. S. 刘易斯（C. S. Lewis）称之为"不过如此的东西"（nothing buttery）。这是刘易斯利用公众科学家立场的戏谑方式，他们宣称"生命"、大脑或宇宙"只不过"（nothing but）是运动的物质。①

因此，麻省理工学院的马文·明斯基（Marvin Minsky）声称："大脑只不过是一个'肉质机器'。"在 2003 年出版的著作《DNA：生命的秘密》（*DNA: The Secret of Life*）中，克里克的合作者詹姆斯·沃森（James Watson）坚持认为，DNA 的发现"证明"生命只是"化学和物理的产物"②。简而言之，就是"不过如此的东西"：一种扁平宇宙的认识论，局限于技术人员所称的"物理层"，即信息技术中七个抽象层中的最底层，介于底部的硅芯片和硅光纤与顶部的程序和内容之间。

然而，经过大约一百年哲学上的努力，人们认为，宇宙顽固地呈现出等级制度，以信息为上层，以物质为基础。无论还原科学再怎么试图否认这一点，最终将不得不接受这个不可避免的现

---

① C. S. Lewis, *Transposition and Other Addresses* (London: Geoffrey Bles, 1949). 这本书对"不过如此的东西"这个概念做了最优雅的表达。

② Crick, "Central Dogma of Molecular Biology".

实。我们现在知道，无论是化学、生物学还是物理学的知识积累，都无法给生命起源、计算过程、意识来源、智能本质或经济增长原因提供丝毫的洞察。

正如著名化学家迈克尔·波兰尼（Michael Polanyi）在1961年所指出的那样，所有这些领域都依赖于化学和物理过程，但并不被其定义。① 总体说来，唯物主义，具体说来是达尔文还原论，其根本错误，在于它们是否定思想的思想。思想并非物质。信息不能简化为化学和物理过程，顽固的唯物主义科学试图这样做简直是荒谬可笑。诺贝尔生理学或医学奖得主、生物学家马克斯·德尔布吕克（Max Delbrück，他是个科班物理学家）曾妙语连珠地说，神经科学家试图将大脑解释为纯粹的肉体或物质，"让我想起了敏豪生男爵（Baron Munchausen）② 试图通过拉自己的头发从沼泽中脱身的情景"。③

库尔特·哥德尔（Kurt Gödel）也许是20世纪最杰出的数学家之一，也是阿尔伯特·爱因斯坦（Albert Einstein）的亲密同

---

① Michael Polanyi, *Personal Knowledge* (Chicago: University of Chicago Press, 2015). 最初出版于1958年，波兰尼的书介绍了默示学习和个人知识的概念，尽管无法用统计或纯粹的客观术语来描述，但这些概念仍然保持着认知权威。
② 敏豪生男爵是童话故事《吹牛大王历险记》主人公，是一个既爱说大话又机智勇敢、正直热情的骑士。——译者注
③ Max Delbrück, *Mind from Matter? An Essay in Evolutionary Epistemology* (Hoboken, New Jersey: Blackwell Sciences, 1985).

事。1931年，他发表了他的不完备性定理。① 该定理证明了每个逻辑系统，包括数学，都依赖于自身无法证明的前提。这些前提无法在系统内部证明或归纳。它们独立于系统之外。

伯特兰·罗素、阿尔弗雷德·诺思·怀特海（Alfred North Whitehead）和大卫·希尔伯特（David Hilbert）曾自信地宣称，所有数学都可以归结为符号逻辑规则的机械展开，哥德尔对此进行了反驳，"哥德尔的证明"是现代思想的巅峰时刻。在哥德尔之后，所有探索自然和经济前沿的人都必须面对将"信仰"从"科学"中驱逐的徒劳。从物理学和神经科学到心理学和社会学，从数学到经济学，我们所得出的每一个科学结论，都根植于我们对无法证明的逻辑前提的信仰。

数学家格里高里·蔡廷（Gregory Chaitin）已经证明，生物学不能从物理学或化学中推导出来；物理和化学定律所包含的信息远远少于我们观察到的生物现象。蔡廷的算法信息论证明了所有生物学都是不可简约的，就像数学公理最终是不可简约的一样。② 信息在认识论上优于化学和物理规律，并将化学和物理用于自身的目的。正如杰出的化学家阿瑟·罗宾逊（Arthur

---

① Kurt Gödel, *On Formally Undecidable Propositions of Principia Mathematica and Related Systems*, trans. B. Meltzer (New York: Dover, 1992), originally published 1931.

② Gregory Chaitin, *Algorithmic Information Theory* (Cambridge, United Kingdom: Cambridge University Press, 1987). 也可参见 Gregory Chaitin, *Information, Randomness, and Incompleteness* (Singapore: World Scientific, 1990).

Robinson）告诉我："用物理学和化学来模拟生物学就像用乐高积木来模拟世界贸易中心一样。"这个工具简直太粗糙了。

21世纪，无论叫什么名字，信息都是首要的。然而，就像克里克的"中心法则"规定了DNA优先于蛋白质一样，信息本身并不是层次结构的顶点；它不是认识论阶梯上的最高一级。无论我们在哪里遇到信息，它都来自思维。将层次结构延伸到信息之外，"中心法则"规定了信息服从于思维。思维可以产生信息并赋予信息意义，但是单纯的信息本身无法产生思维或智慧。DNA编码可以指导大脑的形成，但作为蛋白质的聚集体，大脑无法产生DNA中的信息。无论是在商业还是经济领域，只要涉及信息，就必然存在先前的智慧。

经济学中的激励与牛顿宇宙的力量之间的经典类比，使得自发秩序经济学成为可能。自发秩序不再需要人为构建的秩序，从而最大限度地减少了对主动思维的需求。亚当·斯密的古典自由主义和弗里德里希·哈耶克所代表的奥地利学派经济学认为，政府强加的秩序即使是无意的，也常常造成混乱并破坏财富；他们认为这是因为政府破坏了自发秩序，破坏了供求平衡。自发秩序理论被用来抵制那些倾向于"想得太多"的政府。哈耶克认识到，政府的计划和监管可能会干扰自由市场中的信息流动。但他可能没有完全理解的是，经济激励既不能解释创造力，也不能产生创造力，就像物理学不能产生生物学一样。

大卫·别林斯基（David Berlinski）在描述数学中不完备性理论的发展时，曾经提出这样的观点："我们的经验中存在着如此丰富的信息,以致它们可能永远不在理论的范畴内,只是保持原样,即独特、难以言喻、无法归纳和不可简约。"① 这是一个辉煌而又严酷的等级规则,强调了信仰、信息和思维对物质的优越性。接受这一规则不仅会引发对经济学的更深入理解,还会引发对整个生命、意识、宇宙和创造的更深入理解。

创造力、想象力,即意外的创造,无论是可验证的假设还是史诗般的诗歌,都在逻辑上先于激励。如果没有一个愿景,为什么要努力奋斗呢?经济学的信息理论反映了经济的现实情况,在这个过程中,它以消除唯物主义为统治哲学,以消除贪婪为经济动机。这确实是世界运作的方式。

---

① David Berlinski, *The Advent of the Algorithm: The Idea that Rules the World* (New York: Harcourt, 2000).

第 四 章

增长就是学习

增长来自学习，即通过与信息（被定义为发现或意外）的相遇来获得新知识。这是一个损耗过程，净收益对试图衡量它们的经济学家来说是难以捉摸的。但这是经济增长唯一真正的来源。

然而，为了促进经济增长，我们必须能够检测我们所学到的东西是否真实，或者至少是有用的。在卡尔·波普尔（Karl Popper）的伟大隽语（paradox）中，任何科学假设即使被视为潜在真实，都必须以"可证伪"的方式表达。不能被证伪的东西不能被视为被证明的或可证明的。①

加利福尼亚理工学院物理和工程学教授、研究员和"摩尔定律"的命名者卡弗·米德（Carver Mead）描述了波普尔的洞察力在其课堂上的应用：

---

① Karl Popper, *The Logic of Scientific Discovery* (New York: Harper Torchbooks, 1959). 这是"可证伪"理论的经典文本。

在我的研究小组中，我们每周都有一次小组会议。我们总是首先进行一项我们称之为**坦白**的活动，因为这是绝对必需的。如果你进行的实验失败了，那么你必须在会议上告诉他人。这就是为什么它被称为"坦白"，因为通常人们不愿意谈论失败的事情。**但实际上，正是在这个时候你才能学到东西。**

如果一件事情格格不入，它就是信息。如果一件事情和你想的一样，那么你什么也没有学到。所以，如果你要留在这个团队，你就必须承担义务。当你遇到一些不起作用的东西时，你要分享出来。

如果你已经弄清楚了，你就可以分享解决方案是什么。如果你还没有弄清楚，那么很多时候会有人说："好吧，这会不会是如何、如何、如何？"这可能会让你找到解决方法的线索，但总会有信息存在。①

经济学中的商业项目就像科学实验室中的实验一样。市场通过盈利和损失、成功和破产，来扮演确认成功或证明失败的角色。这就是商业顾问和经济学家所称的"学习曲线"。在我职业生涯的大部分时间里，我一直在研究学习曲线。

不过，起初我误以为这些曲线是激励的结果。然后，我又误

---

① John Schroeter, "The Caltech Sessions: In Conversation with Carver Mead and George Gilder," Abundant World Institute, 2018, https://www.abundantworldinstitute.com/the-caltech-sessions/.

以为它们是物理学中半导体、芯片和其他技术的结果。

例如，在我的《财富与贫困》(Wealth and Poverty)一书（阐述了供给侧经济学的理念）中，我解释并赞扬了拉弗曲线，即经济学家阿瑟·拉弗（Arthur Laffer）证明较低的税率通常会给政府带来比高税率更多的税收。[①]于是我认为，较低税率可以激励企业家进行创造性投资而不是设计巧妙的避税方案，从而增加税收收入。

正如我在书中所说的："高税率并不能重新分配收入，而是重新分配纳税人——让他们从有生产力的工作和投资中转移到高尔夫球场和热带海滩，从工厂和办公室内转移到各种避税手段和外国避税天堂。"高税收不是将财富分散给大众，而是将纳税人从创造新资产的企业家活动转向囤积和投机现有资产。在旧税率下创造的现有资产，比先承担风险、后面临新的更高税率的创业资产更具吸引力。

在我推出这本书的时候，这些想法似乎引起了广泛共鸣。20世纪80年代，几乎每个人都在读《财富与贫困》。它成为一本全球畅销书。在巅峰时期，它在《纽约时报》(New York Times)畅销书榜排名第三。在法国，这本书连续六个月成为畅销书榜的冠军。里根总统也读过这本书，我还成为他在世时引用最多的作家。

但在我收到的所有电话和信件中，没有一个比比尔·贝恩的

---

① George Gilder, *Wealth and Poverty* (Washington, D.C.: Regnery, 2012).

电话更具重大意义。他曾是布鲁斯·亨德森的波士顿咨询集团的首席分析师，该公司因为开启了米特·罗姆尼（Mitt Romney）①和比比·内塔尼亚胡（Bibi Netanyahu）②的职业生涯而闻名。贝恩后来创立了自己的咨询公司——贝恩公司。

贝恩告诉我，拉弗曲线不仅仅是激励的结果，更是学习的体现。他向我介绍了由波士顿咨询集团普及的学习曲线，贝恩对其进行了修订，并称之为"经验曲线"。这是另一种学习曲线，它表明，随着销售总量的翻倍，单位成本将下降20%至30%。贝恩说他的公司和波士顿咨询集团已经在经济的每个行业中证实了学习曲线。

令人惊讶的是（这也是贝恩打电话的原因），即使是律师和会计师在指导客户进行避税方面也能找到一条学习曲线！随着税收的增加，避税的努力也在不断增加。所有的律师和会计师都因此受益。特别是当公司高效的税务管理变得和高效的生产线一样重要时，首席财务官及其手下本身也成为生产线，不断创造出新

---

① 全名是威拉德·米特·罗姆尼（Willard Mitt Romney），1947年3月12日出生于美国密歇根州底特律，政治家、企业家，马萨诸塞州第70任州长。2012年8月被共和党提名为第45任总统候选人，在2012年美国总统选举中挑战总统贝拉克·侯赛因·奥巴马（Barack Hussein Obama），但最终以总票数203∶344落败。现任美国联邦参议院犹他州参议员。——译者注
② 此处指本雅明·内塔尼亚胡（Benjamin Netanyahu），比比是昵称。1949年10月21日出生于以色列特拉维夫－雅法，政治家、军人，1996年、2009年、2022年三度出任以色列总理。——译者注

的方式来避免更高的税收。正如拉弗曲线所预测的那样，实际纳税额（相较名义纳税额的企业实际缴纳的税款）下降了，政府税收也随之减少。

我研究过的最强大的学习曲线就是被称为"摩尔定律"的学习曲线。

1965年，互联网还只是一个名叫 J. C. R. 利克莱德（J. C. R. Licklider）的轻微神经错乱的心理学家脑海中的"星际计算机网络"概念。硅谷生产的黄杏比电子设备还多，乔布斯还是垂髫少儿，在学习减法，没有人想到硅电脑内存（DRAM）、微处理器或比冰箱还小的计算机。IBM（国际商业机器公司）的理论家们普遍认为，"少数优秀大型主机"将不可避免地取得胜利。在这个"史前"世界中，仙童照相机与仪器公司（Fairchild Camera and Instrument）子公司年轻的研发总监戈登·摩尔在一本行业杂志《电子学》（Electronics）上发表了一篇文章，提出了一个令人震惊的预言。

未来派这样认为："你可以预测什么内容，你也可以预测什么时候，但不能同时预测两者。"摩尔的文章之所以如此神秘而令人眼花缭乱，是因为他预测了集成电子的奇迹将如何随着时间推移而被设计出来。他在期刊文章中附上了一张图。图的横轴表示年份，纵轴表示集成电路中组件数量的对数。图上只标出了四个数据点，即1962年、1963年、1964年和1965年集成电路上的晶体管数量。这些数据点在图上形成了一条近乎45度的对角线，表明组件数量每年翻倍，从最初的 2^3（8）个晶体管开始，

到 2^4（16）个晶体管，再到 2^6（64）个晶体管。摩尔的惊人之举是大胆地将这条线延伸到 1975 年，届时单个芯片上将刻上 2^{16}（65000）个晶体管。在指定年份，这一壮举在 IBM 的实验室实现了。

实际上，年度翻倍速度逐渐减缓，最终达到了一年半翻倍，然后变成了 24 个月翻倍。截至我在 2022 年写此书时，自 1962 年以来经历了 33 次翻倍之后，按照广义摩尔定律，进展到拥有 160 亿个晶体管的闪存芯片大约需要 24 个月。

近年来，许多人预测摩尔定律即将终结，因为电子隧穿和其他因素限制了微电路的缩小程度。然而，摩尔定律被证明远非机械性运用。工程师们现在设计架构，将存储器扩展到兆位或万亿位的领域。一家名为"大脑"（Cerebras）的公司甚至完全摆脱了芯片限制，将大约 5.2 万亿个晶体管刻写并连接在一块 12 英寸的晶圆上。

学习曲线是资本主义增长中最基本的事实，正如我们所见，摩尔定律和学习曲线理论实际上是以不同方式衡量的同一现象；正是摩尔定律解释了我们所称的信息革命，体现在互联网、数据云和智能手机中。

摩尔定律处于学习曲线与量子物理的交汇点。半导体的终极科学是量子力学，而不是热力学。摩尔和他的团队学会了如何从原子和分子结构内部操纵物质，而不是从外部管理物质——克服重力而提升、克服摩擦而移动、熔化或燃烧以改变其形态或相态。正如 1959 年理查德·费曼（Richard Feynman）在加利福尼亚理工学院的一次著名演讲中所宣称的那样，在微观世界中，"底部还有很多空间"。

摩尔定律是由卡弗·米德引介给我和全世界的，米德是加利福尼亚理工学院的物理学家兼工程师，也是费曼演讲时的观众。米德对这一现象进行了关键的研究，并以戈登·摩尔的名字命名。

米德讲述了这样一个故事："当时我正在为仙童做咨询。摩尔是个早起的人，我也是个早起的人，所以他会早早地来到当时位于帕洛阿尔托的仙童实验室。事情总是如此，每次我来到他的办公室，他总是唯一一个在场的人。所以，在忙活一天的事情之前，我们会有大约一个小时的时间。

"有一天早上我走进去，他说'你觉得这个怎么样'，然后他拿出一张图，展示了芯片的复杂性随时间而增长。他画了一张包含各年份的图，并在上面画了一条指数增长的线。然后，他延长了那条虚线。"

米德回忆道："我说，'哇，这真是太棒了'。"

摩尔回应道："你在研究电子隧道效应，对吧？"

"是的。"

"而隧道效应是在事物变得很小的时候发生的？"

的确，电子隧道效应是一种奇异的量子效应，在某些条件下，电子可以自发地穿透潜在的屏障，而在之前的牛顿力学体系下，它们根本无法穿透或越过这些屏障。

"是的，"米德说道，"当事物非常小的时候，隧道效应就会发生。"

"那么，这不会限制晶体管小到多少吗？"

米德说："是的，当然会。"

他接着说："那有多小？"

"我目前只能说，晶体管的栅极，也就是输入端，一旦不能吸取大量电流，就无法用作输入端了。"它会泄漏。"当栅氧化物降至大约50埃（Angstrom）时，它开始吸取电流。"

1埃是1纳米的1/10，而1纳米是1米的十亿分之一。

41 "那变得相当薄了。"摩尔说道。

米德这个50埃的答案令人难以置信。2021年，也就是在此事大约57年后，中国台湾和韩国的领先芯片工厂开始生产栅氧化物尺寸小至5纳米的芯片。5纳米是50埃的另一种说法。

"嗯，"米德回忆道，"那很保守，但它给了我们一个起点，然后我们开始研究整个晶体管的缩放，以及其他相关事项。那是在1965年。那是非常有意思的一年。"

摩尔定律和神奇的学习曲线在电视历史中有一个引人注目的早期例证。当时，美国联邦通信委员会（FCC）主席下令，所有1964年之后生产的电视机必须配备超高频调谐器。戈登·摩尔在仙童的同事、销售员杰里·桑德斯（Jerry Sanders，后来创办了超微半导体）知道，在全球所有公司中，只有他的公司拥有一款能够胜任这项任务的芯片，即1211晶体管。

当时，他以每个150美元的价格向军方少量销售这种设备。由于每个设备的制造成本为100美元，这带来了50美元的毛利润。但桑德斯对降低价格并大量销售充满期待，使仙童成为电视组件的全球最大供应商。然后，坏消息传来了。美国无线电公司（RCA）宣布推出一种名为"超小型抗震电子管"（Nuvistor）的新型真空管，虽然其性能不如1211晶体管，但也能做这项工作，且价格为1.05美元，比1211晶体管低了100多倍。

由于生产量将从为军事应用的几百台增加到为电视机应用的数百万台，仙童的鲍勃·诺伊斯（Bob Noyce）和戈登·摩尔预见规模经济效应将使价格大幅降低，他们告诉桑德斯以5美元的价格将1211晶体管卖给电视制造商。桑德斯最终降价至1.05美元，随着销量的增加，价格进一步下降。

1963—1965年，仙童赢得了美国超高频调谐器市场90%的份额。公司生产的芯片越多，价格就越便宜，市场份额就越大，仙童在产品上赚的钱也就越多。到20世纪70年代初，仙童每个1211晶体管以15美分的价格销售。

在传统经济模型中，主导生产的因素是取得关键资源、需求的弹性（价格下降时增加的产品购买量）以及应用材料和系统的物理可能性。就资源而言，正如摩尔首次指出的那样，集成电路相比其他产品拥有巨大优势：硅、氧和铝是地壳中常见的三种元素；芯片制造商主要利用芯片设计，这是人类思维的产物。

随着摩尔定律使晶体管间的距离变得更近，它们之间的导线也变得更短。导线越短，信号越纯净，每个晶体管的电阻、电容和热量也就越低。当电子运动接近它们的平均自由程（在硅的内部原子结构上反弹之前可以行进的距离）时，它们变得更快、更便宜和更冷。

量子隧穿电子是最快的，几乎不产生热量。剑桥大学的工程师布莱恩·大卫·约瑟夫森（Brian David Josephson）构想了由孪晶超导体（twinned superconductors）构成的量子隧穿二极管，被称为"约瑟夫森结"，应用于超级计算机、传感器和其他领域。

从宏观世界到微观世界的跨越行为本身就是一次学习的突破，这意味着创造了一个工业过程，摆脱了困扰所有其他工业的热力学熵和随机无序的束缚。**在量子领域，随着个体组件变得更快、更有用，它们也变得更冷、更节能。**

然而，如果你想要理解经济增长，所有这些关于半导体物理学、需求价格弹性和芯片市场的计算实际上只是一种分散注意力的干扰。同样，威廉·D. 诺德豪斯对不同照明系统的细节分析，从尼安德特人的洞穴和部落小屋到凡尔赛宫的蜡烛和工人宿舍的鲸油灯，从19世纪末的煤油到路灯放大方法、灯泡和荧光灯，都使他分心，远离了他所研究的实际现象。

正如米德回忆："摩尔并非基于任何物理事物进行预测，而是通过观察正在发生的事情进行预测。他看到这种趋势在不同范围内持续发展，于是说'指数增长很有意思'。"这些指数增长影响了经济增长的所有过程。

没有什么比当电路尺寸无法再缩小时，预测摩尔定律的失败更能证明摩尔的正确性。打脸这些预测的是，尽管线宽的进一步减小已经放缓或变得不那么重要，芯片的性能仍然以摩尔定律的速度不断提升，价格也在下降。摩尔定律的推动力并不是线宽，而是学习，就像"大脑"公司放弃芯片直接在晶圆上制造设备一样。学习是所有这些进步的共同点，不仅仅是在高科技领域，在每个行业都会促进经济增长并降低消费者成本。

这几乎不是一个新现象。亨利·亚当斯在《亨利·亚当斯的教育》一书中阐述了他称之为"加速回报定律"的理论。亚当斯在19世纪末写作时，通过从鲸油到煤炭各种能源的图表，展示了学习曲线在经济学中的作用。学习曲线同样可以被称为亚当斯定律。

学习是经济增长的最佳定义。它不仅仅适用于大学、实验室或技术领域，甚至比市场动态更能定义经济增长的含义。如果财富就是知识，那么增长就是学习。这就是波普尔所称的**启发式**过程。

罗纳德·科斯（Ronald Coase）是芝加哥大学的诺贝尔经济学奖得主，通过错误地定义公司成长的原因，误导了几代经济学家。在1937年发表的《公司的本质》（The Nature of the Firm）一文中，他提出了一种效率理论来解释企业的增长。[①] 根据他的理论，只要内部运营比外包所产生的交易成本更高效、更便宜，公司就会继续增长。

但在《哈佛商业评论》（*Harvard Business Review*）的一

---

① Ronald H. Coase, "Prize Lecture," Nobel Prize, 1991, https://www.nobelprize.org/prizes/economic-sciences/1991/coase/lecture/. 参见 Ronald Coase, *The Firm, the Market, and the Law* (Chicago: University of Chicago Press, 1988), 7. "对公司规模的限制，取决于其组织交易的成本变得等于通过市场进行的成本。"

篇文章中，硅谷智者约翰·哈格尔三世（John Hagel III）和约翰·西利·布朗（John Seely Brown）指出，科斯定律只适用于稳定的公司和静态经济。[①] 他们写道："在可扩展效率驱动的机构中，个人有责任适应机构分配给他的任务和角色。在可扩展学习驱动的机构中，机构必须找到方法来适应组织中个人的需求。"经济学的信息理论解释了为什么会这样。意外、学习曲线和信息会带来利润和经济增长。

在一个充满惊人变化的动荡时期，公司会发现现有的知识总是过时的。公司需要不断学习和获取新知识，这样才能获得新财富，并在研发中进行测试和推进新知识。这种学习不是通过追求效率和稍微改进现有事物来实现的，而是通过追求新颖和做新事情来实现的。

这种学习大多源于公司内部自我证明的例外、失败、实验和证伪。它常常是难以捉摸和默示的。默示意味着它无法通过外包合同或交易来表达。它主要来自一个可信赖企业的直接经验，人们可以自由地进行沟通。

互联网的出现并没有从根本上改变这个现实。它促进和推动了明确的学习。但默示知识、商业机密和知识进步的增长仍然是

---

① John Hagel III and John Seely Brown, "Great Businesses Scale Their Learning, Not Just Their Operations," *Harvard Business Review*, June 7, 2017. 这是对科斯的诺贝尔奖获奖论文的有力批判，科斯的论文认为，企业扩张到内部运营比外部采购更有效的程度。比这些效率计算更重要的，是企业内部相互协作学习和实验带来的益处。

一个在边界内进行的密切而有机的学习过程。

每个生产过程都遵循学习曲线。在亨德森的学习曲线理论中，产量至关重要：产量累积翻倍带来效率提升，会使成本降低20%至30%。但是，缺乏衡量更多产量能够以多快速度生产的标准。摩尔定律展示了学习曲线在时间上的运作方式。然而，时间周期可能会有所变化。从1915年开始，汽车产量不是在18个月内翻倍，而是需要60个月，然后过60个月才能再次翻倍。在21世纪的前几十年里，摩尔定律的18至24个月的速度相对较慢，与光学方面三倍速度的进展相比显得缓慢。作为电磁波谱的一种展现形式，光纤已成为全球工业进步的先锋。通过波分多路复用技术，它利用不同"颜色"的光构成多个通道，每个通道每秒传输数十亿比特，沿着一根细如发丝的光纤传输。

这项技术进步的最佳衡量标准是波长－容量－公里数，即波长（λ）数乘以每个波长的数据容量，以及每个波长在没有缓慢而昂贵的电子信号再生的情况下可以传输的距离。1995年，最先进的系统是有4个波长的系统，每个波长每秒携带622M比特，传输距离约为300千米。2004年，一家名为"考维斯"（Corvis）的公司推出了一个拥有280个波长的系统，每个波长在3000千米内每秒传输10G比特。这是9年内11000倍的进步。但即使在这个领域，学习的速度也在加快。随着可以封装数百根光纤的单芯电缆的使用，在这十年里，一根光纤可以在1**秒钟**内承载超过2004年一个月的互联网流量。

学习通过联系而增长，通过**教学**过程得到增强和扩散。至关重要的是,学习加速孕育出更多学习,新的学习曲线超越或取代了旧的学习曲线。虽然微电子技术通过机器传播知识,但通信技术通过网络(不仅仅是计算机网络,还包括公司、社会和全球经济)传播知识。这是一种启发式教学(包含学习和教学两个方面)的动态力量,在世界各地井喷式增长。

学习是一个由意外信息主导的实验过程。它揭示了原因,从而能够实现可证伪的预测。学习的极限、动机和度量都存在于**时间**中。

人们认为上帝可以超越时间,对过去和未来无所不知。人类知识的限制使得我们必须在时间的黑暗中面对不确定性而采取行动。我们总是不确定,因为我们不知道**接下来**会发生什么。摩尔定律是一条学习曲线,因为即使摩尔对进展做出预测,也不过是预测不确定性能够被解决,而不是描述不确定性被如何解决。只有时间才能告诉我们答案。

正如奥地利经济学派创始人卡尔·门格尔(Carl Menger)所述:"因果关系的概念与时间的概念密不可分。变化的过程涉及开始和发生……因此……我们只有将其置于时间之中并对其进行时间度量,才能充分理解因果相互联系……或者过程本身。"①

经济学不再是研究稀缺的阴郁学问,而是成为丰盈的促进者,因为它向我们展示了如何及时加速学习。经济政策的可靠性

---

① Carl Menger, *Principles of Economics*, with an introduction by F. A. Hayek (Auburn, Alabama: Ludwig Von Mises Institute Press, 1967).

不在于它是否增强了激励，而在于它是否加速了学习。当信息迅速生成并能够自由流动时，学习就会加速。市场是有用的（也就是说，市场产生信息），只要被允许作为验证的场所。[①] 通过利润的形式，市场为有效的臆测增加资本，并通过违约和破产来减少资本。当有效的臆测积累成为知识储备时，国家的财富就增长了。

---

① Ugur Yagmur, "5 Harsh Truths for Success from Linus Torvalds," Medium, November 19, 2022, https://medium.com/codex/5-harsh-truths-from-linus-torvalds-406ab20cea02.

第五章

财富就是知识

经济学的信息理论中最激进的主张莫过于财富就是知识。

根据"唯物主义迷信",财富由本质上稀缺和昂贵的物质资源组成,比如土地、贵金属和石油储量,以及人们从这些物质中创造出来的东西:豪华的住宅、拥挤的公寓楼、快速的赛车、缓慢的教练车。财富还涵盖了这些东西的"生产手段",比如工厂、铁路和建筑吊车。

由于这些资源数量有限、不易获得,财富似乎在一个零和游戏中分配,一个人的富裕被认为意味着其他人的贫困。为了获得财富和避免贫困,最终的工具是权力,也就是能够夺取所有这些稀缺商品的权力。因此,财富是一个权力问题:对财产的权力,对物质的权力,对他人的权力。财富就是随心所欲。

财富就是**物品**(物质)的信念,源于假定的"自然"资源的核心地位。财富清单可能从一块土地开始,然后是可能在其上种植的食物作物或其他农产品。地下可能会发现金属或工业材料,比如金或银、锌或铝、铁或钛；也可能会发现能源来源，比如石油、煤炭、甲烷、锂、铀。在另一个抽象层面上，所有财富可能被认为是由化学元素组成的不同化合物和组合物。对唯物主义者来说，所有财富最终可以归结为原子和分子的排列。

所有这些假设在托马斯·索维尔（Thomas Sowell）的判断面前都崩溃了，他认为，"尼安德特人在他的洞穴里拥有的自然资源与我们今天拥有的是一样的"[①]。其中的区别主要在于知识的差异。

然而，大多数人仍然相信财富必须有物质的体现。诺贝尔经济学奖得主保罗·罗默（Paul Romer）将财富视为化学元素组合的**配方**。他承认这些配方**几乎**是无限的，因此允许有创业的自由空间。然而，由于没有将知识本身视为财富，他最终无法将经济理论从唯物主义的滑坡谬误（Slippery slope）[②] 以及物质枯竭的观念中拯救出来。

即使是麻省理工学院的塞萨尔·伊达尔戈也没有彻底推翻唯物主义观点，尽管其洞见对这一观点进行了反驳。在伊达尔戈2015年出版的著作《增长的本质》中，他提出了一个毁灭性的反唯物主义类比。[③] 他描述了当时世界上最昂贵的汽车——售价约

---

① Thomas Sowell, *Knowledge and Decisions* (New York: Basic Books, 1971).

② 滑坡谬误是一种逻辑谬论，即不合理地使用连串的因果关系，将"可能性"转化为"必然性"，以达到某种想要的结论。——译者注

③ César Hidalgo, *Why Information Grows: The Evolution of Order, from Atoms to Economies* (New York: Basic Books, 2015). 这是一本引人入胜的原创著作，但即使在标题中，伊达尔戈也错误地盲目从众，将信息描述为"秩序"而不是无序。

为 250 万美元的布加迪威龙。这辆跑车每磅 600 美元，其价值超过了重量相当的纯银的价值。

想象一下，你在彩票中刚刚赢得了一辆布加迪威龙。兴奋不已，你决定开着你的新车出去兜风。兴奋之余，你不小心让布加迪威龙撞上了一堵墙，虽然逃过一劫但有点伤心，因为你没有任何车险。车已经彻底报废了。现在，那辆布加迪威龙的价值有多少？……

汽车的价值在你撞到墙上的那几秒钟内蒸发了，但它的重量没有……汽车的价值蒸发了……不是因为撞击摧毁了组成布加迪威龙的原子，而是因为撞击改变了它们的排列方式。那个排列就是信息。

伊达尔戈几乎将财富与他所称的信息或他所谓的"秩序演化"等同起来。然而，他无法将财富与物质分离。他写道："为了存在下去，信息需要存身之处，因为一个信息短暂的宇宙也是一个信息无法增长的宇宙。固体提供了信息所需的顽固性，以抵御熵的增长。在复杂结构中，比如 DNA——像我们这样可以进行计算的物质……通过让信息持久存在，固体允许信息重新组合……这对于信息的持续增长至关重要……"即使对于罗默和伊达尔戈来说，他们也很难想象脱离物质的财富。

但是，让我们勇敢地尝试一下吧！

为了做到这一点，也许我们从伊达尔戈的错误开始会有所帮助。伊达尔戈在其书末尾的一条注释中说，尽管他的目标是解释经济增长，但他得出的结论是这种增长"仅仅是物质秩序或信息增长的附带现象"。他关注的是作为信息源泉的秩序和稳定性。

> 汽车的价值蒸发了……不是因为撞击摧毁了组成布加迪威龙的原子，而是因为撞击改变了它们的排列方式。那个排列就是信息。

这尽管看起来很有见地，但完全是个重大错误。信息不可能是有序的，因为信息之所以是信息，它必须是一个意外。正如麻省理工学院的克劳德·香农所展示的那样，因为信息是新的，所以它是无序的或熵。在一个老掉牙的笑话中，古拉格监狱的囚犯们把同样的笑话讲了太多遍，这样一来他们只给出笑话的编号。然而，当一个囚犯喊出笑话的编号时，他仍然会引起笑声，因为选择编号是一个意外。如果他真的讲了笑话，他只会得到嘘声，甚至更糟。如果你跟我说我已经知道的事情，你没有给我提供信息，甚至没有让我感到愉快，那么你只会让我感到厌烦。

经济增长是一种令人意外的现象，是信息熵的体现。这种意外是主观的。如果布加迪威龙跑车落入由麻省理工学院校友组成的一个原始部落手中，他们对其进行拆解可能会收获许多意外，他们随后可能会利用这些意外来建造自己的布加迪威龙跑车。但对于制造原创布加迪威龙跑车的工程师来说，再多一辆复制品并不令人意外，也没有信息量。除非进行新的检查能够对如何使其变得更好带来令人意外的见解，否则它无法对经济增长做出贡献。

想象一下两个社会，一个致力于信息就是秩序的理念，而另一个认为信息就是意外。想象一下它们各自政府的法令和政策，以及由此带来的结果。每个人都知道富裕的国家是城市化和工业化的，而贫穷的国家是农村和农业的。所以，跳过从一个阶段到另一个阶段的缓慢而令人意外的中间步骤，通过供养城市而让农村挨饿，强制执行秩序，国家就会变得富裕。但是，由于跳过了这些中间步骤，学习就被扼杀了，因此知识也变得停滞不前了。

可叹的是，我们现在生活在一个越来越将意外视为不可接受的风险、视为违反计划行为的世界。20世纪，这种信念以所谓的已经解决的科学为名，牺牲掉数以亿计的人。

至于伊达尔戈关于信息必须保存在物质中才能存在下去的观点，说明书就与物质无关。说明书可以印在纸上，展示在屏幕上，记在头脑中。将来，说明书可能会被记录在由DNA构建的记忆设备上，这也是人类现在存储自身"说明书"的方式。

说明书的例子展示了信息论的一个重要内容：信息及其处理与特定的实体或基质无关。记忆可以在任何基质上形成，计算也可以在任何基质上执行，无论是硅芯片、乐高积木还是碳基大脑。

我们错失认识财富和知识的本质的一个关键原因来自金钱和市场，它们使我们能够评估事物并进行经济交易。经济学家关注哈耶克对交易或市场知识的观点，这种知识分布在整个经济中，通过价格发现，并通过市场传达。然而，即使是价格信号这种至关重要的信息也只是衡量财富的一种方式，它并不构成财富。货币是价值的衡量标准，市场可以进行价值交换。但财富并非主要由估值和交换、贸易和交易等行为构成。

在最终以交易方式衡量之前，构成财富的知识并没有通过无形之手或自发秩序来展现。它来自在实践中学习，来自根据经验改进制造技术，来自实实在在、艰难困苦的探索、生产、思考和实验过程。

这并不是一般知识。它不仅是科学知识，甚至不仅是真正的科学知识。它是能够持久转化为实践的知识。它是复杂而精细的、经过实验而缜密的、默示而规范的、能够持续生产商品和服务的知识。这体现在一辆布加迪威龙、一个芯片、一个软件包或一块牛肉等有价值的产品中，这就是构成财富的知识。

尤其是，尽管知识是已知事物的总和，但每一次知识的增加，以及每一条新的信息，都会带来意外。似乎矛盾的是，人类的所有经验告诉我们"车到山前必有路"，也告诉我们"山重水复疑无路"，但下一步总是未知的。它总是被时间的不透明帷幕隐藏。下一步总是一个需要证实或证伪的实验。

卡尔·波普尔在《科学发现的逻辑》(*The Logic of Scientific Discovery*)一书中表明，科学**并非**一个由经过逻辑推理逐一揭示的一系列已被证明或证实的真理组成的整体系统。① 牛顿的万

---

① Karl Popper, *The Logic of Scientific Discovery* (New York: Harper Torchbooks, 1959). 波普尔的"可证伪"转化到市场上就是商业失败和破产。

有引力定律被爱因斯坦的相对论取代,这并不是一个逻辑上必然包含或可预测的下一步,而是对物理学中最牢固命题的震撼性反叛。约翰·道尔顿(John Dalton)的不可分割原子化学并没有预见莱纳斯·鲍林(Linus Pauling)的价键理论,而是被其取代。广义相对论与量子不确定性**共存**,但它们从未完全调和。

波普尔对科学发现过程的洞察可直接适用于创业创新过程。波普尔以要求科学理论必须用**可证伪的**方式陈述而闻名。他的立场排除了源自封闭系统的循环理论、自指概念和同义反复。

波普尔的批评者对他们所称的"波普尔教条主义"提出异议,指出许多科学研究在无视证伪的情况下进行,而证伪往往是困难的或不可能实现的。波普尔并不是一个教条主义者,他理解这一点。他挑战的是科学的最终证据,这能够积累成为坚不可摧的堡垒。

波普尔的隽语与香农的信息论洞见相呼应,即增加知识总是要求"向不太可能或不太合理的知识进展"。换句话说,科学进步的重要性可以通过判断信息意外程度的方式来衡量。突破越不合理,遇到的阻力就越大,可能产生的影响就越大。

对于波普尔来说,最好的科学是革命性的。推出新理论,或者说转化为商业应用(一条新的学习曲线),比填补现有理论的空白(完善现有的真理体系)更有价值。

同样,最有价值的初创公司往往是最不被看好的。其产品带来了更多的意外,从而为我们的知识储备做出更大的贡献。用彼得·蒂尔(Peter Thiel)的话来说,这些是从"0到1"而不是从

"1 到 n"（或从一到多）的努力。① 第一台打字机的性能并不好，但创造了一个意想不到的致力于自我改进的行业。这些改进版本比原始版本更实用，但没有原始版本那么令人意外。

通过发明文字处理器，可以说 IBM 再次从零开始。虽然不尽如人意，但这仍然是一次突破。

使用第一台打字机或文字处理器时的挫败尝试，有时引发的怀疑会多于喜悦。同样，波普尔寻求的是那些不合理的或不容易被接受的理论。他比较喜欢那些有**更大**可能性被证伪的想法，而不是证明似乎很可能源自现有共识的想法。他将科学共识视为真正科学的障碍。

通过强调令人意外和不太可能的事情，波普尔证明了市场批评者所憎恨的不确定性是正确的，这些批评者试图通过补贴失败来保护我们。如果可测试性和可竞争性对于进步至关重要，那么全球市场提供了一个比实验室和同行评审出版物更强大且不易操纵的平台。破产和失败、损失和赤字不仅是主要的**抑制因素**，而且是比看上去相互矛盾的实验报告或异常观察更难以否认的证明失败的信息。

监管机构保证市场结果的种种努力，抑制了意外，屏蔽了信息，阻止了知识，从而摧毁了财富。监管机构选择某种能源作为赢家，或者为大型银行提供免费保险，抑或以其他方式干预市

---

① Peter Thiel, with Blake Masters, *Zero to One: Notes on Startups, or How to Build the Future* (New York: Crown Business, 2014). 企业不断寻求垄断地位，而垄断地位总是短暂的。

场，会扼杀实验并限制学习。

由政府主导的投资或者由官方渠道引导的投资，将私人投资者与他们对资金的知识分离开来。这隐然意味着仅仅依靠资金就能推动创新。然而，这些资金只有在某种程度上体现了私人投资者通常辛苦得来的知识才具有价值。企业家和投资者在市场信息的指引下学习。他们的资本增长（如果有增长的话）是这种学习的结果。

世界上最有效的投资者，像美国的风险投资和私募股权基金，也是最有学识的。在鼎盛时期，最伟大的硅谷风险投资公司的领导者大多不是银行家，而是行业的领军人物。其中许多人是工程师，在他们所指导资本投向的行业中拥有数十年的内部经验。

即使是这些以知识为驱动的基金，也常常偏离目标，不是箭无虚发。它们的成功率并不稳定，主要取决于它们的赌注胆识和追求意外的程度。在追寻"不太可能或不太合理的知识"时，它们经常失败。

然而，尽管它们经常失败，但风险投资的平均回报远远超过了同质化指数投资的回报。偶尔成功地追求"不太可能"的风险投资会带来意外的收益，可以轻松弥补十次失败的努力。

而且，失败的努力并不一定是错误的。它们反映了进步的矛盾性质。企业家利用先前的知识寻找前进的下一步，然而下一步必定始终是一个意外。飞镖并非没有目标，但靶心的位置可能是个谜。

当我写本书时，中国大陆支持的风险投资基金尚未能激发起一个足够强大的芯片产业,来与中国台湾的全球优势相竞争。一些人观察到美国风险投资家大约有 1/10 的失败率,于是得出错误的结论。他们将偶尔的命中目标归因于纯粹是飞镖数量多,即大量的随机操作。

因此,他们下定决心要投掷更多的飞镖,于是采取了强有力的激励措施,刺激出大量新手风险基金,大多数基金是由经验不足的人管理的。由于政府在一定程度上支持他们的努力,降低了风险,同时承诺更大的回报,所以飞镖数量激增。迄今为止,新赞助的公司未能达到预期目标,有些甚至花费数十亿美元却未生产出一颗芯片。虽然许多公司已经关闭,但新公司仍然前仆后继地出现。也许很多人认为,他们满怀抱负的新手需要更强的激励。

他们所忽视的是,伟大的硅谷风险投资家并非先于半导体行业出现,而是从中崛起。最初的巨大进步来自那些拥有的专业知识远多于财富的人。他们的资本就是他们的知识。

在"风险投资"成为常用词汇之前,德州仪器的一个小团队**在石油工业设备持续热销的资助下**,铸就了第一个硅晶体管。

后来演变成英特尔的仙童半导体公司,是由罗伯特·诺伊斯使用让·霍尔尼(Jean Hoerni)的平面工艺创造出第一个可用集成电路的公司,也是第一家由风险投资支持的大型半导体公司。它的资金来源不是银行家,而是仙童照相机与仪器公司的创始人和所有者谢尔曼·费尔柴尔德(Sherman Fairchild)。费尔柴尔德本人也是一位杰出的工程师,他在哈佛大学一年级时发明了第一个同步相机快门和闪光灯。他在航空摄影方面的工作使其公司在第二次世界大战期间为盟军提供了 90% 的航空相机。

鲍勃·诺伊斯、让·霍尔尼、戈登·摩尔等"叛逆八人帮",从肖克利半导体实验室的威廉·肖克利(William Shockley)的自负中逃离,向谢尔曼·费尔柴尔德提出了他们创办公司的计划。费尔柴尔德是一个能够理解他们的想法并评估他们的能力之人。从一开始,硅谷就是由具有矛盾混合体的内部人士资助的,他们既拥有高端的专业知识,又具有追求不可能和不可思议的事物的意愿。

哈耶克解释说,中央计划之所以失败,正是因为它声称了解其无法了解的事物,从而掩盖了意外并忽略了知识。他写道,最重要的经济知识"本质上无法进入统计数据,因此无法以统计形式传达给任何中央机构"[①]。这是因为统计数据的生成恰恰是通过剥离知识而实现的。"这样一个中央机构必须使用的统计数据必然只能如此得来:通过抽象化事物之间的细微差异,将地点、质量和其他细节不同的项目合并为同一种资源,而这些差异可能对具体决策非常重要。基于统计信息的中央计划本质上无法直接考虑到这些时间和地点的情况。"

把投资资本概念仅仅视为同质化的投资能力,而非知识的表达,这一观点直接源自"唯物主义迷信"。"唯物主义迷信"并

---

① Friedrich Hayek, "The Use of Knowledge in Society," *American Economic Review*, September 1945. 这是经典文本。大多数知识是默示的,超出了统计的范围。参见 Michael Polanyi, *Personal Knowledge* (Chicago: University of Chicago Press, 2015).

非仅限于经济学和政治学领域，它是现代主导哲学，统治着物理学、化学、生物学以及心理学。唯物主义是一种扁平宇宙的理论：所有的现实都源自物质粒子的随机相互作用，通过自下而上的进化过程产生。

信息论反其道而行之，认为宇宙是分层的。在《换位》（Transposition）这篇文章中，C. S. 刘易斯解释了信息论的一项关键原则。① 想象一下，他说，你是一幅伟大的风景画中的一个形象，生活在一个平面世界中。你只占据了两个维度。你已经计算出了所有的距离、颜色、光影、纹理和角度。你已经分析了所有的油漆和颜料。**你已经收集了你的平面世界中的所有数据，并且你相信你对现实有了一个令人满意的二维解释。**如果一个外人告诉你，这块画布只是一个经过截取和简化的反映，或者是一个巨大的三维、四维甚至多维宇宙的苍白模仿，你可能会回答："三维？我无须这个假设。"

正如 C. S. 刘易斯所说："**只有了解更高的环境，才能理解在较低的环境中发生的事情。**"他反驳了这样一种假设，即心智、创造力、意识和天地万物都仅仅是物质力量（物理和化学）产生**的**结果。

生物学家们早就将人体简化为一种物理和化学成分的混合物。药理学随之而来，采用了试错的随机发现模式，首先给实验

---

① C. S. Lewis, *Transposition and Other Addresses* (London: Geoffrey Bles, 1949).

鼠注射天文数字的分子，然后应用到人类身上。然而，如今信息论正在取代药理学，DNA 编码被理解为传递的信息，这些信息给被称为核糖体的微小细胞机器编程来产生特定的蛋白质。

在各科学领域，信息论的最新成就排斥唯物主义并支持层次结构。正如信息论所显示的那样，在计算机中，内容明显独立于其物质基础。对计算机材料的任何可能的了解都无法提供有关其实际计算内容的任何信息。在通常的因果层次结构中，这些计算体现为用于编写设计的软件。与计算机本身的设计一样，软件是人类智慧的产物。

在 20 世纪最伟大的数学发现中，库尔特·哥德尔证明了层次结构是不可逃避的。根据其著名的不完全性定理，**每个逻辑方案，甚至数学本身，都必然依赖于方案之外的公理，这些公理在方案内无法证明**。艾伦·图灵和约翰·冯·诺依曼将这一观点扩展到了所有计算机必须有外部程序员的命题上，图灵称之为"神谕"。无论你对计算机的物质实质了解多少，如果没有找到源代码，你就无法理解计算机在做什么。

在所有科学中，信息首先出现并调节着众生和世界，而非相反。"太初有道"是现代科学强有力的启示。

信息始终独立于其物理体现或载体。载体的价值仅在于它能记录和传输信息，而真正的价值则在于信息本身。废弃的电子设备已成为最新的生态挑战，安全处理这些设备的需求是一项成本，而非资产。〔吉姆·图尔（Jim Tour）通过他对"城市采矿"——将垃圾转化为珍贵的石墨烯和其他稀有元素——的惊人发现改变了这一现状。]

就像不能通过思考物理和化学来理解思维或身体一样，如果不解释企业家创新，你就无法理解经济学。

"唯物主义迷信"将企业家的作用贬低为模仿，而非推动者。个体的思维是"神谕"，孕育着超越模仿且无法归纳的愿景、计划、发明和渴望。要想把握现实，你必须仰望思想、文字和心灵，而非俯视物质。你必须追求发现，唯物主义导致决定论、绝望和对创造力的否定。作为企业家，你必须寻求独特，而非像官僚一样将其平均化为平庸。你无法从旧地方找到新东西。你无法通过观察眼前的景象来确保通往未来的道路。你无法在数字或大数据中找到安全感。无论你在做决策时收集了多少数据，无论这些数据有多么相关、真实和有用，最终你都会到达一个必须"先行后观"（leap before you look）的地方。你之前的学习和经验可能会有所帮助，甚至大大减少了不确定性。但除非你自甘平庸，否则实验无法保证确定性。信仰的某些不可简化的要素，**以及由此带来的潜在的丰富意外**，对于所有的发现都是必要的。

正是通过超越我们已知的范围，我们才能获得知识。否则，每一次所谓的进步都将被证明为一种简单的重复。追求和发现是经济知识和财富的核心。

正如托马斯·索维尔所言："经济交易是知识的购买和销售。"①

---

① Sowell, *Knowledge and Decisions*. 我们最终交易的不是货币或物质，而是不同的知识。"穴居的尼安德特人掌握着我们今天拥有的所有物质资源。"

政府和商业的结合使得这种交易变得困难。权力可以压制或抹杀知识。政府常常自以为拥有完美的知识，即所谓的"确定的科学"，这种假设禁止了意外的发生，并扼杀了可验证的异议，而这种异议其实就是创新的另一种说法。

财富不能是物质，因为财富总是主观的，从来不是客观的。财富的增减、出现与消亡，取决于能否实现目的。目的只能存在于主体中，即行动的人类个体。物体是为了某种目的而制造的，但它们本身没有目的。对于工程师来说，计算器是无价之宝。对于一只大猩猩来说，计算器毫无用处。

财富在隐藏其主观性方面做得更好，尤其是作为他人的财富时，超出了我们个人的经验范围。在我们自己的生活中，我们很容易理解我们所使用的原材料与我们工作成果之间的差距。我们知道我们努力的重要性，我们甚至可能会高估它们。

当我们凝视着隔壁邻居更绿的草地时，我们会迷失方向。这时，"财富是主观的"这种说法就像是某种奇幻的语言把戏。当我们盯着邻居看时，我们会看到他们拥有的各种财富资源，比如广阔的田地、丰富的石油和铁矿石，或者巨大的制造厂和铸造厂。这主要是因为我们个人从未亲自将这些事物转化为财富。我们忽略了那些不可思议的努力和深刻的创造力，没有这些，所有东西都是毫无价值的。嫉妒源于无知。

我的编辑和同事理查德·维吉兰特住在明尼苏达州，那里尽管有形成冻土的倾向，却是美国的粮仓。距离双子城外十分钟的车程，各种农舍散布在广阔的田野中，玉米、大豆和牛群就在其中。这些田地对农民来说是多么宝贵的礼物啊！这些田地使他们变得多么富有啊！

但是，不是这样的，是农民开垦了这片田地。150年前，这些田地都是茂密的森林，现在如果没有人力维护，这里依然会是森林。大平原（Great Plains）并不在西边的近处，还要再往前走将近100英里（约161千米）。明尼阿波利斯周围的农田曾经是大森林的一部分。这些森林被人们改造成农田。他们使用的工具是斧头和耕牛。这些人没有伐树的链锯，也没有清理树桩的推土机。

我们只看到田野，并没有看到劳作、渴望、勇气和承诺，我们想象财富是物质的。但是，如果人们离开了那些田野（有时他们确实会这样做），那么森林将在比清理它们所需时间多不了多少的时间内重新生长。发挥重要作用的，正是渴望、发现、在实践中表现出来并通过劳动实现的想法，以及对更美好未来的信心。

第 六 章

物质信息

互联网现在是世界上大部分知识的低熵载体，因此也是其财富的载体；互联网是传递充满意外的信息的无意外通道。作为硅和二氧化硅、频谱和发明、市场和金钱的极度融合，互联网承载了大部分通信、娱乐、教学和学习的重任，每十年将全球经济抬高到新的指数级丰盈水平。信息互联网的时间价格暴跌，使得时间和空间崩塌，以此来衡量，它似乎让原子世界黯然失色。

　　然而，原子世界，这个巨大厚重的、实实在在的、有棱有角的物质世界，以及工业革命时期和钢铁时代的世界，其本身正在越来越多地按照信息论进行重新组织。这个过程展现出与互联网本身相似的模式，尽管它们大多在互联网之前就存在了。

　　互联网取代了过去的模拟电路交换系统，是一个**分组交换的数字网络**。在这种"无连接"网络中，你不需要建立端到端的通道。你只需要在标准化数据包的"头部"填写地址并进行发送。这与以前的有线语音网络不同，以前你必须等到操作员建立完整的端到端连接后才能开始说话或发送信息。在通话过程中的静默期间,信道是空闲的,没有被使用。

在我2000年出版的《电信宇宙:带宽丰富之后的世界》(Telecosm: The World after Bandwidth Abundance)一书中,我讲述了数字通信的崛起取代了过去的模拟连接,利用了光纤和无线系统中的频谱。[①]我与保罗·巴兰(Paul Baran)和伦纳德·克莱因罗克(Leonard Kleinrock)进行了交谈,他们在构思当今分组交换数字网络方面取得了重大进展;我与文顿·瑟夫(Vinton Cerf)和罗伯特·卡恩(Robert Kahn)也进行了交谈,他们开发了在互联网上组织数据的关键TCP/IP(传输控制协议/网际协议);我还与欧文·雅各布斯(Irwin Jacobs)和安德鲁·维特比(Andrew Viterbi)进行了交谈,他们发明了码分多址扩频系统,使我们能够同样高效地使用无线网络。

然而,这些具有历史意义的发明家们都没有提及在原子世界中预示着分组交换互联网的先驱发明。

在互联网兴起之前的几十年,世界正在经历一场"原子"财富的繁荣,这是由一种新的"分组交换"低熵载体带来的。直至20世纪50年代中期,全球的原子运输分为像煤炭或谷物一样的低熵的"大宗"商品货物,以及包含其他一切的"散装"货物。

"散装"货物涵盖各种各样的独特物品,需要不同的包装和

[①] George Gilder, *Telecosm: The World after Bandwidth Abundance* (New York: Simon & Schuster, 2000). 从芯片中的不透明硅到光纤中的透明硅。

标签，几乎成为全球贸易和工业难以逾越的障碍。作为一种贸易阻碍，它超过了世界各国政治家们设立的所有关税和保护措施。"散装"货物必须逐个处理，通常需要昂贵的容易罢工的工人在高熵环境中手动操作，在每个港口都消耗大量的时间和精力。随着工会政治控制码头，这些年来效率逐渐下降。

低熵的大宗货物的运输在世界贸易中普遍存在，备受青睐。其他一切都是本地的——在消费地附近生产，阻碍了劳动分工和学习专业化，而劳动分工和学习专业化会促进世界经济增长和友好关系。

时间来到1937年，马尔科姆·麦克林作为一名卡车司机，在泽西城的码头排队等待卸货，疲惫不堪。突然，他意识到将卡车整个车身吊装上船会更快、更容易。不过，在他能够付诸行动之前，第二次世界大战爆发了。但他已经将他的卡车车身想象成了一个大包装盒。本质上，他预见了一个用于贸易的分组交换网络。

他设想的不是一次一个地运输复杂多样、包装各异的个别物品，而是一种标准的包装盒或容器（一个盒子），外部标明地址，无须关心具体内容，就像当下的互联网将统一的数据包在全球范围内传输，不关心具体信息一样。

这一突破是麦克林在20世纪50年代付诸实践的，开创了类似于货币中标记化时间的标记化运输方式。麦克林推出一种新制度，使用一种标准集装箱，可在船舶、火车和卡车之间互换。这种通用单位可以容纳任何产品，并且可以通过起重机和机器人从一个运输工具转移到另一个运输工具，而不必操心其内容。他将自己的专利设计提供给行业，推动了国际航运集装箱的标准化。

麦克林是航运界的克劳德·香农吗？在麦克林的创业愿景中，航运从一个各种形状、大小和一致性的模拟世界，即"散货"动物园，转变为"集装箱"的准数字化世界。可移动、可升降、可堆叠、可存储、可冷藏的标准集装箱，成为全球小包装运输的"字节"或"超大箱"。

在"集装箱"出现之前，要将混杂在一艘船、一辆卡车或一列火车上的各种各样的贸易物品来回装卸，需要花费数周的时间才能将其运送到目的地。

但是，一旦标准集装箱被认定为新的标准和低熵载体，集装箱船就能大幅扩展高价值内容。

麦克林的第一艘船装载了58个集装箱。如今最先进的船舶有1312英尺（约400米）长、202英尺宽，可携带23992个标准集装箱，将其排列在一起几乎可以达到91英里。它们可以在不到一天的时间内处理好，并通过船舶、火车、卡车甚至飞机发送出去。标记化的空间可以节省数月的时间货币。

库存只是浪费时间，就像用其他方式将经济资源转为固定资本一样，可以用适当的利率来衡量。仅在美国，从集装箱化的第一个10年到2014年，历时近60年，根据获奖图书《集装箱》(*The Box*)作者马克·莱文森（Marc Levinson）的估计，总节省金额达到 1.4 万亿美元。① 按照企业对库存支付的利率来衡量,年度收益大约为 1400 亿美元。在全球范围内,集装箱的收获可能每年接近 6000 亿美元,因为许多好处归属于第三世界的生产商和船运商,他们不受美国任性的保护主义法案——《琼斯法案》(Jones Act)的限制,该法案规定美国货物只能由美国承运商运输。

19 世纪,金本位统一了美国和全球的计价单位,从而推动了国际贸易,使贸易量大幅增长。然而,货币或时间的标准化需要空间的标准化作为补充。集装箱作为容器标准,与黄金一样,在促进国际贸易方面起着重要作用。

然而,航运标准化尚未捕捉到经济地理、制造业和分销业的全面转变。信息论首次在有形世界贸易中的出现,加速了这场革命。这首先在麦克林的头脑中产生直觉,然后经过数十年的艰苦努力,将原子密封在统一的集装箱中。

通过大幅减少空间和时间的摩擦,这个集成了全球劳动分工的集装箱实现了全球化。由此带来的全球化,使得政治补贴、优惠政策、监管要求以及《琼斯法案》的国家航运保护措施变得无效。集装箱将商品的生产和运输合并为一个集成的分组交换过程,优化了系统,实现了即时制造,消除了库存的延迟和费用。

库存表明,金钱就是时间或者说消除延迟。库存是公司拥有

---

① Marc Levinson, *The Box: How the Shipping Container Made the World Smaller and the World Economy Bigger*, 2nd ed., with a new chapter by the author (Princeton, New Jersey: Princeton University Press, 2016).

的，因此似乎构成了一项资产。但它们代表了机会成本、持有成本和利息成本，总结起来就是时间成本。到1958年，也就是麦克林摆脱烦琐的"散装"货物后的一年，装卸一艘集装箱船只需要原来1/3的劳动力，并且可以在原来1/6的时间内完成。

1956年，美国港口人工装载货物的成本为每吨5.86美元。50年后，使用统一集装箱的成本降至每吨仅为0.16美元。根据measuringworth.com网站蓝领工人时薪报酬（工资和福利）的数据，将这些名义价格转换为时间价格后，装载成本减少了99.8%。为了赚取足够的钱来支付1956年装载一吨货物所用时间，现在你可以装载440吨货物。装载量增长了43900%。[①]

有些原子，就像用来建造建筑物的那些原子，我们希望它们保持静止。它们如果移动了，就会失去价值。

如果其他原子不动的话，它们的价值就会减少。重要的是，将它们迅速移动到我们称为"目的地"的地点，它们在那里具有更高价值。

原子的丰富情况同能量和信息的丰富情况一样。如果能量被限制或隔离在需要使用的地方之外，基本上是毫无价值的。认为风力发电和太阳能电池的能源之所以廉价，是因为它是自然赋予的，这种想法是妄想。自然充满了无尽的能量，只要它停留在原地，它就是免费的。重要的是，它始终能够按时以容易得到的形

---

① 时间价格由盖尔·普利计算。

式传递到使用地点。①

这同样适用于信息的传输。数字化组织并分组的光子波，以及光纤和无线技术，相对于旧的铜线电路来说，就像集装箱相对于人工装载一样，大大提高了将信息移动到最佳使用地点的速度，并降低了成本。

货币是标记化的时间，是可互换的时间，摆脱了它代表的生产、运输和加工的方式和手段。统一集装箱成为一个空间标准，提高了商品的可销售性，但它也是一个时间标准，因为它在全球经济中降低了时间成本。标准化的集装箱消除了运输交易的特殊性，就像货币消除了物物交换的特殊性一样。

统一集装箱将几十年的时间浓缩成了几秒钟。它推动世界贸易从20世纪60年代初的不到1万亿美元，增加到2021年的28.5万亿美元。通过促成海量电子产品——"散货"的最终内容——的高效运输，这种原子分组交换网络促成了信息分组交换网络，为过去50年的世界经济增长提供了动力。

回顾那些在20世纪60年代组织起来阻止集装箱运输的码头工人、托运人和卡车司机等，如果他们成功了，那么他们后代的

---

① Vaclav Smil, "Electronic Container Ships Are a Hard Sail," IEEE Spectrum, March 2019, https://vaclavsmil.com/wp-content/uploads/2019/03/March2019.pdf. 斯米尔（Smil）打算用电动船取代船队。"结论是显而易见。要想使用电池和发动机的重量不超过当下大型集装箱船的燃料（约5000吨）和柴油发动机（约2000吨）的电动船，我们需要能量密度比当今最好的锂离子单元高十倍以上的电池……在过去70年中，电池的能量密度……甚至还没有翻四倍。"

71 生活会更加贫困。货币就是用来享受生活和进行创造的时间。经济政策应消除传送渠道中的熵，以增加传送内容的熵。就像圣诞礼盒，盒子是看得见的，意外惊喜则在里面。

第 七 章

新的石器时代还是新的碳时代？

2022年1月底的一天，天气阴沉，我在本地的"Big Y"超市的单行道上走错了路。大多数货架空空如也，供应链出现了断层：没有来自美国加利福尼亚州的混合水果干和坚果，也没有来自中国的维生素片。地板上画着单行箭头，标明了社交距离的要求。戴着口罩的人鬼鬼祟祟地匆匆走过，在他们潮湿的口罩两侧培养着病原体。① 透过我自己也被法令强制要求佩戴的口罩，我注意到杂志架上闪过一抹紫色。我凑近细看。

---

① Judy Mikovits and Kent Heckenlively, *The Case against Masks: Ten Reasons Why Mask Usage Should Be Limited* (New York: Skyhorse Publishing, 2020). 原因5："口罩破坏了正常的空气流动模式，导致病原体沉积在下巴、脸颊和眼睛附近。韩国的一项小型研究表明，新冠病毒（以SARS-CoV-2的形式）很容易通过几种不同类型的口罩。"原因8："口罩会成为病毒陷阱，当你用手接触口罩时，会增加感染的机会。美国疾病控制与预防中心已经大量记录了病毒如何在N95口罩上保持活性，没有理由相信其他类型口罩的结果会不相同。"

吸引我目光的是康泰纳仕旗舰科技杂志《连线》2022年2月刊。我经常热切地阅读它，那是一个让专家们了解高科技潮流、奇迹和元宇宙最新动态和时髦词汇的地方。

在紫色封面上，巨大的亮光粉红色大写字母展示着《连线》杂志的头条，即"THE BIG INHALE"（大吸大入）。我拿起杂志，以为它可能是关于大麻或者"医用大麻"的报道。在我所居住的马萨诸塞州西部的伯克希尔地区，"大吸大入"意味着大麻与更传统的起诉通用电气公司倾倒多氯联苯的行为相竞争。

在过去40年里，起诉通用电气公司倾倒所谓的有毒的多氯联苯（一种无害的绝缘材料，用于防止电网涡轮发生火灾），对我们这个小县来说是一项有利可图的收入来源。几十年来，这已经带来了近20亿美元的收入。

然而，到2022年，大麻已经成为该县的主要替代生意。在起诉资金雄厚的公司之后，让顾客对一种药物上瘾成为一条诱人的后资本主义生活道路。这肯定比发明种种新功能要容易得多。

然而，《连线》杂志却超越了这种致幻的逃避主义。相反，这里所谓的"大吸大入"据称是为了"拯救地球"。

封面描绘了北极荒原中的一个巨大的工业"奇妙装置"。这个故事表明，这家名为"气候管理"（Climeworks）的德国公司建造的工厂，如果在全球范围内复制，可能会拯救我们所有人。我们都希望被拯救。它是如何工作的呢？

部署在"冰岛的荒凉高原上"，最终可能耗资2000亿美元，这个装置"从空气中吸收二氧化碳，然后将其固定在石头中"。

是的，本质上，它将大气中的二氧化碳转化为石头。这一点也不是开玩笑。这个鲁布·戈德堡（Rube Goldberg）①式超级吸尘器正在引领一个新的石器时代。

《连线》杂志称："古老的想法终于变成现实。"下一个挑战是："再建10000个。"冰岛的那个设备每年只能处理4000吨二氧化碳，而全球二氧化碳排放量达到40亿吨。即使计划建造10000个工厂，也只能解决千分之一的问题。这个拯救地球的计划最终将耗费数万亿美元的税款，只能通过庞大的政府强制措施来实现。

在封面故事的高潮部分，《连线》杂志的作家文斯·拜泽尔（Vince Beiser）总结道："所有这些都需要大量的公共投资，而这些技术可能并不会有回报。值得记住的是，我们一直在进行这样的赌博。例如，在过去的一年半里，美国投入了数十亿美元来开发新冠疫苗，其中许多并没有成功。"②

《连线》杂志总结道："当我们相信整个国家的福祉受到威胁时，我们就会进行这类投资。当我们面临一场危及数百万人生命的危机时，我们不会等待市场的发展。我们竭尽全力与空气传播

---

① 这里是指"鲁布·戈德堡机械"，这是一种被设计得过度复杂的机械组合，以迂回曲折的方法去完成一些其实非常简单的工作。美国漫画家鲁布·戈德堡在他的作品中创作出这种机械，故人们就以"鲁布·戈德堡机械"命名这种装置。——译者注

② Vince Beiser, "The Quest to Trap Carbon in Stone—and Beat Climate Change," *Wired*, December 28, 2021, https://www.wired.com/story/the-quest-to-trap-carbon-in-stone-and-beat-climate-change/.

的病毒作斗争，我们同样需要全力以赴对抗一种更严重的威胁，这种威胁也存在于空气中。"①

"这是紧急情况！"然而，解决方法总是千篇一律，即"应急社会主义"。

我实际上并不相信二氧化碳会构成任何威胁。加州理工学院的化学家阿瑟·罗宾逊曾是诺贝尔化学奖得主莱纳斯·鲍林的首席助手，他指出，从两个世纪前的"小冰河时代"开始，世界似乎以每个世纪约一华氏度的速度变暖。植物生长密度增长了约28%，而极端天气事件的增多并未出现。正如马特·里德利的有力计算表明，植物对二氧化碳的吸收速度超过大气中二氧化碳的温室效应增量。因此，化石燃料（比如石油和煤炭）的消耗对地球的净效应是使其更加绿色。②

随着世界变得更加富裕，全球因极端自然灾害而导致的死亡人数减少了约99%。尽管自1950年以来人类对碳燃料的使用增长了六倍，但没有"证据表明海水热膨胀和冰川融化导致海平面上升的速度在增加"。

---

① 指下面紧接着提到的二氧化碳。——译者注
② Mark Perry, "Matt Ridley: Burning Fossil Fuels Is Greening the Planet," American Enterprise Institute, March 13, 2013, https://www.aei.org/carpe-diem/matt-ridley-burning-fossil-fuels-is-greening-the-planet/.《理性乐观派》一书作者里德利谈到了一个刚刚开始受到关注的奇怪的全球趋势。在过去的30年里，我们的星球变得越来越绿色。原因是什么？里德利解释说，这是因为燃烧化石燃料！这是一个惊人的发现，但对环保主义者来说是非常不受欢迎的。"

第七章 新的石器时代还是新的碳时代？

由于全球的官方气温记录仅追溯到大约 140 年前的 1880 年，这些数据反映了"小冰河时代"的结束。每一次微小的升温都可以被描绘为"有记录以来最热的一天"。但从罗马和克里特文明的"温暖时期"到中世纪气候最适宜期，地球经历了许多相对更温暖的时代，这些时代对人类生活来说比间歇性的冰河时代更加宜居。

普林斯顿大学物理学家威廉·哈珀（William Happer）和麻省理工学院地球科学家理查德·林岑（Richard Lindzen）是大气动力学领域的顶尖学者，他们对所谓的"温室效应"有着深入的研究。2022 年 6 月 17 日，就美国证券交易委员会提出的要求企业报告二氧化碳排放引起气候变化的"风险"，他们提供了决定性的证词：

> 我们是职业物理学家，专业从事辐射物理和动态传热研究已有数十年。
>
> 在我们看来，科学证明了化石燃料和二氧化碳没有引起与气候相关的风险，也没有气候紧急情况。
>
> 此外，在超过 500 页的拟议规章中，没有任何可靠的科学证据表明，存在与气候相关的风险，没有。……因此，拟议的美国证券交易委员会规章，缺乏可靠的科学依据。
>
> 此外，与常见报道相反，二氧化碳对地球上的生命至关重要。没有二氧化碳，就没有光合作用，因此就没

有植物性食物，也没有足够的氧气供我们呼吸。

此外，如果没有化石燃料，全球将没有低成本能源，光合作用制造食物的二氧化碳也会减少。消除化石燃料并减少二氧化碳排放对穷人、全球人民、子孙后代和国家来说都将是灾难性的。

最后，拟议的规章成本巨大，而且没有任何公共利益。这将使企业的报告负担增加64亿美元，比1934年以来美国证券交易委员会所有报告要求给企业带来的39亿美元成本增长了64%。

因此，该规章不应被采纳，或者如果被采纳，法院应判其无效。①

大卫·斯托克曼（David Stockman）总结了整个情况，指出"大气中的二氧化碳占0.04%，是全球食物链的命脉，随着持续存在了46亿年的自然变暖和变冷周期而波动。在多细胞生物出现以来的6亿年间，温度比现在高的时间占87%，二氧化碳浓度曾超

---

① William Happer and Richard Lindzen, "Comment and Declaration on the SEC's Proposed Rule 'The Enhancement and Standardization of Climate-Related Disclosures for Investors,'" Securities and Exchange Commission, June 17, 2022, https://www.sec.gov/comments/s7-10-22/s71022-20132171-302668.pdf. 由世界上最受尊敬的气候物理学权威学者提供的关于要求企业报告"气候变化风险"的证词。

过 2500ppm，而如今只有 415ppm"。① 二氧化碳浓度的上升是在温度上升之后而不是之前，因为温度上升会使海洋释放二氧化碳。

我们所有怀疑论者都可能错了，但科学的主张如果不能被证伪，那就毫无意义。

假设二氧化碳在某种程度上成为一个问题。资本主义通过追求机会来解决各种问题。

正如天然气大亨罗伯特·赫夫纳（Robert Hefner）20多年前对我所说的那样，每一代能源生产都比前一代使用更少的碳，这无须政府强制要求：天然气的碳排放可能只有煤炭或石油的一半，而核能提供了一个可证明的零排放极乐境界。多种技术转型正在进行，这意味着整个世界经济在未来一个世纪将发生根本性变化。

资本主义的进步意味着，我们今天认为是问题的事情，明天可能就不再如此认为。受到补贴的督伊德教②的太阳神和风车图腾柱是气候崇拜及其政治祭司们的徒劳之举，甚至会适得其反，无法实现他们宣称的生产可靠的、碳中和的能源的目标。几乎所有的"替代能源"项目都会妨碍电网供电的可靠性，并使之复

---

① David Stockman, *Contra Corner*, September 2022, https://www.davidstockmanscontracorner.com/2022/09/. 斯托克曼的博客和信件对主流经济思想进行了最精辟和全面的批判。

② 督伊德教是古代凯尔特人信奉的一种原始宗教，曾在高卢、不列颠和爱尔兰等地广泛传播。随着罗马人对西地中海地区及不列颠的征服，督伊德教逐渐销声匿迹。它是一种自然神教，崇拜的神有许多个，最主要的就是自然的雷电、太阳和地球等。——译者注

杂化。

政府的命令、指导和全球重置不会塑造未来。真正塑造未来的是人类的创造力和新的技术创业浪潮。正如普林斯顿大学已故的阿尔伯特·赫希曼（Albert Hirschman）所写的那样，创造力"总是让我们感到意外。如果不是这样的话，我们就不需要创造力，政府的计划仍会奏效"。正如赫希曼通过对全球范围内由政府运作和联合国资助的项目进行终身研究所观察到的那样，这些项目从来没有按计划运作。少数成功总是归功于令人惊讶的企业家创造力的爆发。①

以积累的工业废物为例，从塑料到垃圾，再到电子废物，它们在全球的海洋、垃圾填埋场和数据仓库周围堆积如山。尽管各地政府纷纷采取了无数环境计划、分类回收要求和有毒电池规定，但这种有毒且难看的杂乱无章将不可避免地增加。

2022年初，我参观了由詹姆斯·图尔（James Tour）主持的实验室，他是休斯敦赖斯大学的化学教授、材料科学与纳米工程学教授。作为一名化学家，他发表了大约700篇学术论文并拥有150个专利族。三年前，我第一次注意到图尔教授是在由投资者兼哲学家彼得·蒂尔主持的一次小型创新会议上，蒂尔是PayPal（贝宝）、Facebook和Palantir（帕兰提尔）的联合创始人。

出于对环境问题的热切关注，图尔描述了一个深达十英尺的

---

① Albert Hirschman, "The Principle of the Hiding Hand," *Public Interest* (Winter 1967).

漂浮塑料废物漩涡，它的面积和得克萨斯州一样大，位于太平洋中部。分析显示，这些废物对生物和人类航运构成了威胁。

为了解决这个问题，图尔并不敦促通过纳税和法规来推动一个庞大的政府计划，他不建议派遣航空母舰，也不提议用纳税人的钱创造巨大的吸塑机来吞噬塑料并将其转化为石头。相反，他创办了一家名为"万物有用"（Universal Matter）的公司，承诺将这个问题转化为人类创造力和资本主义的最大机遇，并带来巨大的利润。我已经投资了这家公司。

图尔正在开创一场微小尺度的技术革命，涉及以纳米及以下尺度为单位的物理和化学现象。作为全球最具影响力的50位科学家之一，图尔及其纳米尺度的突破可以使这个时代成为化工业取得巅峰胜利的时代。

图尔现在正在引领一场科技和经济发展，相比我在50年前遇到的加利福尼亚理工学院的天才卡弗·米德、英特尔的联合创始人戈登·摩尔以及硅芯片革命时代的任何事情，这更加令人兴奋。图尔正在开启一个至少同样重要的新科技时代。

图尔的技术和经济复兴的基础，就是碳。虽然硅在未来的技术创新中仍将在芯片、光纤和无线通信方面发挥作用，但最具救赎性的技术进步将是基于碳的。

碳作为构成DNA和地球上所有生命的主要物质，生成的化合物比任何其他元素都多。正如英国著名物理学家詹姆斯·金斯（James Jeans）爵士在1930年出版的《神秘的宇宙》（*The Mysterious Universe*）一书中所观察到的那样："生命之所以存在于宇宙中，只是因为碳原子具有某些特殊的性质。"①

幸运的是，对于创建碳化合物来说，碳原子具有六个电子：内层壳层有两个电子，外层壳层有四个电子。这四个外层壳层的电子参与化学键的形成。由于碳的价带（外部连接层）有四个电子，再加上四个额外的空位，它可以形成无尽的链条。碳的四个电子总是能够适应其他碳化合物的价带中的四个空位。

图尔新技术背后的关键突破是一种叫作石墨烯的碳材料，这是由英国曼彻斯特大学的安德烈·K.盖姆（Andre K. Geim）和康斯坦丁·S.诺沃肖洛夫（Konstantin S. Novoselov）两位教授在2004年发现的。石墨烯是一层碳原子以六边形蜂窝状结构结合在一起的材料。它仅有一个原子厚度，是迄今为止强度最高的材料，比钢铁强度高200倍。石墨烯甚至比钻石还坚硬，钻石是在碳受压力下形成的。石墨烯也是最轻的材料，比一张纸轻1000倍。一张足够覆盖整个足球场的石墨烯单层只有不到1克的重量（或者说是0.035盎司）。②

正如图尔所评论的那样："对于我来说，石墨烯最令人惊奇的是它的强度。这是一张你可以拿起来的原子薄片，让我大开眼界。关于石墨烯的另一个惊奇之处，是你可以看到它。你可以将一张石墨烯薄片放在一张白纸上。它具有惊人的透明性，只吸收

---

① James Jeans, *The Mysterious Universe* (Montreal: Minkowski Institute Press, 2020), originally published 1930.

② Soroush Nazarpour and Stephen R. Waite, *Graphene Technology: From Laboratory to Fabrication* (Wienheim, Germany: Wiley-VCH Verlag GmbH & Co., 2016).

着落在上面的光线的 2.3%，但如果你用一张空白的纸进行比较，你就可以看到它的存在。"

在石墨烯中，每个碳原子都与二维平面上的其他三个碳原子相连。因此，在石墨烯中，每个碳原子的一个电子在第三个维度上是自由的，用于电子传导，使其成为已知的最好的电导体，电流密度是铜的百万倍。

石墨烯的"平均自由程"（电子在其中可以自由行进的距离，而不会碰到任何东西）大约是 65 微米，这个距离足以在常温下实现几乎无阻力的导电。这为室温下的超导提供了潜力。石墨烯还是光子和光电子器件的理想载体。

在室温下，石墨烯是最佳的导热材料，其热导率是已知物质中最高的。石墨烯可以与混凝土和金属等其他材料混合，显著提高它们的耐久性和抗温度磨损能力。

石墨烯具有弹性，拉伸部分是其长度的 25%。它也是已知的最坚硬的材料。因此，它可以成为柔性电子设备的基础材料。它还是迄今为止发现的最不透气的材料，甚至连氦原子也无法穿透。这使得它成为构建高灵敏度气体探测器的理想材料，因为即使是最小量的气体也会被其晶格捕获。

在我参观赖斯大学之前，我与同事史蒂夫·韦特（Steve Waite）一起研究碳纳米材料已经多年了。韦特与石墨烯先驱索罗什·纳扎尔普尔（Soroush Nazarpour）博士合著了《石墨烯技术》（*Graphene Technology*）一书，韦特也是石墨烯利益相关者协会（Graphene Stakeholders Association）的联合创始人之一。①我请韦特来帮助塞尔登实验室（Seldon Labs），这是我的风险基金中的一家公司，旨在将碳纳米管水过滤技术商业化。这些纳米管是由卷曲的石墨烯形成的。尽管该产品曾被海豹突击队在阿富汗和伊拉克使用，但由于当时的美国国家环境保护局局长、现任苹果公司高管丽莎·杰克逊（Lisa Jackson）基于同石棉的牵强

---

① James M. Tour, Duy X. Luong, et al., "Gram-Scale Bottom-Up Flash Graphene Synthesis," *Nature* 577, No. 7792 (January 2020): 647-651. 从最初描述的克量级来看，闪光焦耳加热方法现在生产了吨级的石墨烯。"大多数批量石墨烯是通过自上而下的方法生产的，剥离石墨通常需要大量的溶剂进行高能混合、剪切、超声或电化学处理。虽然化学氧化法将石墨氧化成氧化石墨烯会促进剥离，但需要刺激性氧化剂，在后续还原步骤后，石墨烯会留下有缺陷的穿孔结构。自下而上的高质量石墨烯合成，如果是通过化学气相沉积或先进的有机合成方法进行的，通常仅限于极少量；如果是在整体溶液中进行的，则会提供充满缺陷的结构。在这里，我们展示了利用廉价碳源，比如煤炭、石油焦、生物炭、炭黑、废弃食品、橡胶轮胎和混合塑料垃圾，进行的闪光焦耳加热，可以在不到一秒的时间内提供克量级的石墨烯。该产品以其生产工艺被命名为闪光石墨烯（FG），在堆叠的石墨烯层之间显示出混层排列（也就是说，几乎没有秩序）。闪光石墨烯的合成无须熔炉、溶剂或反应气体。产量取决于原料的碳含量，当使用高碳源，比如炭黑、无烟煤或煅烧焦炭时，产量从80%到90%不等，碳纯度大于99%，不需要净化步骤。拉曼光谱分析显示，闪光石墨烯存在低强度或缺失的D波段，表明闪光石墨烯是目前报道的石墨烯中缺陷浓度最低的，并证实了闪光石墨烯的混层堆积。这与混层石墨有明显区别。闪光石墨烯层的无序取向有利于其在复合材料形成过程中混合后快速脱落。闪光石墨烯合成的电能成本仅为每克7.2千焦，这使得闪光石墨烯适合在塑料、金属、胶合板、混凝土和其他建筑材料等大块复合材料中使用。"

类比，禁止了碳纳米管在消费品中的使用，塞尔登实验室最终失败了。

那么，为什么这种奇迹材料还没有改变我们的世界呢？

在发现石墨烯将近20年后，它仍然令人着急地难以量产。人们采用了一些粗糙的方法，比如用胶带剥离或直接削皮石墨层，就像盖姆和诺沃肖洛夫所做的那样，或者采用精确到极致的方法，比如在成本数百万美元的化学气相沉积室中生产数毫克的材料。人们需要的，是一种能够大规模廉价生产这种二维材料的工艺。2021年，图尔教授和他的一位从越南移民到得克萨斯州的博士生维春良（Duy Xuan Luong）找到了答案。

图尔–维（Tour-Duy）工艺代表了技术史上的一个关键时刻。人类首次有可能使用垃圾和其他碳基物质制造大量的石墨烯。该工艺可以将任何固体碳基物质转化为完美的石墨烯带。[①] 正如图尔所解释的那样，不需要进行分类或分离。"我们不是回收利用，而是升级利用。"

图尔的将垃圾转化为石墨烯的21世纪"炼金术"，采用了一种快速且廉价的过程，即闪光焦耳加热（简称"闪光"）。它预示着一个新企业时代的来临。现在价格在每吨6.7万美元到20万美元的珍贵的石墨烯，在资本主义下变成新的丰饶物质，价格向着接近"闪光"所需电力成本——每吨30美元猛跌。然而，这种物质如此纯净，可适用于医疗设备、植入物和纳米机器，能够杀

---

① 同上页。

死人体内的癌细胞和超级细菌。

　　石墨烯之所以具有许多非凡的特性，是因为它只有一层原子。不幸的是，以往的实际生产过程得到的石墨烯是多层的，垂直层之间的键合会影响其导电性能。市场上所谓的石墨烯大多是由 15 到 30 层的纳米碳聚集而成的，具有类似石墨的特性。

　　图尔的过程产生了一种多层纳米碳，但碳层之间存在"相对旋转"。这被称为**乱层**（turbostratic）石墨烯。这些旋转可以有效地解耦相邻层的电子态，保持类似单层石墨烯的性质。

　　启动批量生产后，图尔和他的学生们将石墨烯纳入学习曲线，该曲线表明随着生产量的累积增加，成本迅速降低。

　　他们甚至产生了一项新的定律，尽管对于该定律的命名存在一些争议。类似于摩尔定律预测每两年芯片上的电路密度翻倍，图尔定律（图尔称之为"维定律"）判定，通过闪光法制造的石墨烯数量每九周会翻倍。

　　任何固体碳基物质都可以成为这个过程的原料，这意味着闪光石墨烯可以将我们想要丢弃的各种物质，比如混合塑料废料、食物废料、橡胶轮胎、石油焦、煤炭、木屑、铝土矿灰、红泥以及生物炭，转化为原料。所有这些都可以转化为完美的**乱层**石墨烯带。

　　全球约有 30% 至 40% 的食物因腐烂而被丢弃，而塑料废弃物是全球关注的问题。想象一下，将大量垃圾转化为石墨烯，用于航空航天、交通运输、建筑、空气过滤、水过滤、脊椎手术，以及消灭癌症和病毒的纳米机器。

新的时代正在到来：一个完全由新知识构成巨大财富的碳时代，由学习曲线推动不断进步，并以标记化的时间作为货币来衡量。它关乎人们创造新资源，而非人们消耗和浪费"稀缺自然资源"。

2021年，图尔指导万物有用公司成立，旨在将这项技术商业化。该公司拥有专有的工艺，使其能够在全球范围内覆盖数十个主要市场和产业领域，包括混凝土材料、沥青材料、润滑剂、医疗技术、复合材料、聚氨酯泡沫、涂料以及轮胎和橡胶。

万物有用公司只是第一家试图将图尔纳米技术商业化的公司。在我写作本书的时候，已经有14家公司正在将图尔的技术商业化，另外还有4家公司正在筹备中，很快将会有至少18家公司推动其工艺及其学习曲线的发展。这与20世纪80年代早期硅谷和得克萨斯州的半导体公司的爆发颇为相似。

大多数旨在将图尔纳米技术商业化的公司，**并非**由硅谷的风险投资家支持。过去十年，硅谷的风险投资家基本回避了深度科学，将重点放在了社交媒体和软件上。投资图尔公司的大部分风险投资者来自充满科学天才的以色列。图尔的公司通过了"**以色列考验**"，而我在十年前正以此为名写了一本书。[①]

在我采访图尔时，我们之间的桌子上放着一个造型优美的小盒子，它被称为"病毒墙"（ViralWall），来自图尔的激光诱

---

① George Gilder, *The Israel Test: How the World's Most Beseiged State Is a Beacon of Freedom and Hope for the World Economy* (New York: Encounter Books, 2012), 美国参议员乔·利伯曼（Joe Lieberman）作序。

导石墨烯应用公司,使用了图尔的一种名为"激光诱导石墨烯"(LIG)的技术,可以利用许多机械车间常见的激光合成制作石墨烯纳米材料。

通过将电流流经导电石墨烯过滤膜,"病毒墙"捕获并摧毁了空气中的颗粒、细菌和病毒,其效果类似于无声杀虫灯,将被困的细菌和病毒电击致死。

这些"病毒墙"过滤器售价仅为350美元,能够最大限度地节省能源。它们正被安装在办公室、学校、家庭、游轮、音乐厅、俱乐部、酒吧以及其他许多场所,从而消除了对昂贵的新冠病毒疫苗、加强剂以及其他相关设备(比如办公室和商店中的口罩或有机玻璃防护罩)的需求。

基于图尔的工作,其他公司承诺能够战胜其他致命病毒和超级细菌(Nanorobotics),克服胰腺癌等疾病(Xerient),找到唐氏综合征的治愈方法(Generox),取代无效的诊断技术(Dotz),融合和修复断裂的脊髓(Neurocords),净化污浊的空气和水(H_2Blue),降低过量的二氧化碳(H_2Blue),消除传统垃圾处理方式(万物有用公司),通过从铝土矿采矿废渣和电子废物中提取稀土材料,使其在美国变得丰富,创造更快速和更耐用的非挥发性计算机存储芯片(Weebit Nano)和DNA存储器(Roswell Biotechnologies),回收未还原的重型材料,改造电池(Zeta Energy),以及消除假冒产品、有毒的有机物和锈蚀问题。

时代总是用材料来标记,比如石器时代或青铜时代。过去的一个世纪可以被称为硅时代。我们现在正在迈进一个新的碳时代。

过去，我们是从外部进行创新的，利用热能和化学物质将材料转化为有用的商业应用。以量子力学为基础的微观世界的出现，首次见证了物质从内部被操纵。图尔把这种物理学的见解带到了纳米世界。

图尔的闪光石墨烯有着深刻改变全球经济结构和根本改变我们与物质世界关系的能力。经济学家们会注意到吗？很难说。硅革命的大部分事实无法被经济学家测量。智能手机通过数百万个应用程序与互联网和世界相连，给人类提供了便利、生产力、健康、安全和娱乐方面的进步，这些进步无法通过全球各地的官方机构计算的通货膨胀和通货紧缩指标来衡量。同样，图尔的革命将彻底重塑人类的生活、健康和生产力，将使经济学家和媒体对全球经济增长放缓的悲观预测变得微不足道。媒体关注政府补贴企业，比如气候管理公司及其将二氧化碳转化为石头的努力，而旨在改变全球经济的万物有用公司几乎未被媒体和政府注意到。

气候管理公司的工厂只能依靠政府力量存在。将那些赋予生命的二氧化碳分子转化为惰性的石头，气候管理公司的工艺消耗了信息、知识和财富。基于稀缺模式，这样的公司从全球吸取资源并将其转化为岩石和废物。

万物有用公司的机器和闪光焦耳加热工艺，将毫无价值和腐烂的废料转化为宝贵且多用途的物质。该公司基于知识，大大增加了信息和财富。它不需要专门行使政府权力，其成果是创造性的新丰饶物质。

这种政府推动的无能与变革性的创业学习的可悲对比，呼吁一种新经济学，即信息时代的信息经济学，价格与学习曲线、时间和丰富生产相联系。这才是真正的世界经济。为此，我暂时让位，将以下两章内容交给我的朋友盖尔·普利。

第八章

经济学不是计算原子数[1]

盖尔·普利 著

---

[1] 本章出自 Marian Tupy and Gale L. Pooley, *Superabundance: The Story of Population Growth, Innovation, and Human Flourishing on an Infinitely Bountiful Planet* (Washington, D.C.: Cato Institute Press, 2022).

小测验：钢琴上有多少个键？如果你的回答是88个，那么你回答正确。第二个问题：钢琴里有多少首歌？（小心，这是一个陷阱问题。）如果你回答是无限多首，那么你可能需要再深入思考一下。实际上，钢琴里没有任何歌曲（除非歌曲已经被编程进去，比如自动演奏钢琴）。歌曲存在于人类的思维中。凭借有限的琴键数量，我们可以创造出无限多的歌曲。琴键是硬件，歌曲是软件。琴键是原子，歌曲是知识。

在电影《复仇者联盟3：无限战争》(*Avengers: Infinity War*)中，大反派灭霸（Thanos）告诉我们："这是一个简单的计算。这个宇宙是有限的，它的资源也是有限的。如果生命不受限制，生命将会灭绝。它需要纠正。"灭霸看着钢琴会说，因为它有88个键，所以它只能有88首歌。

1973年2月，灭霸首次以漫威漫画中的一个虚构角色的身份亮相。灭霸的创作者们从哪里得到了其意识形态的灵感呢？一个可能性是保罗·埃尔利希。1968 年，斯坦福大学教授保罗·埃尔利希出版了《人口炸弹》。他声称："养活全人类的奋斗已经结束了。20 世纪 70 年代和 80 年代，数亿人将会饿死，无论现在进行多少紧急计划。"他后来写道："社会需要重新调整规模，我们必须减小整个人类事业的规模。"①

那么，埃尔利希的想法和预测又是从哪里来的呢？是从托马斯·马尔萨斯牧师那里得来的。尽管 1798 年没有 Excel（电子表格），但马尔萨斯通过使用指数开创了建模的现代实践。在马尔萨斯匿名出版的《人口原理》（*An Essay on the Principle of Population*）一书中，他写道："人口在未受限制时以几何比例增长，而生存资料仅以算术比例增长。稍微熟悉数字的人就会发现第一种力量与第二种力量相比的巨大差异。"马尔萨斯陷阱（或可持续性陷阱）认为，每个人由于技术进步而增加的收入必然会因随后的人口增加而丧失。根据马尔萨斯的说法，"人口的力量远远超过地球为人类提供生存资料的力量，因此过早死亡必然以某种形式降临人类"。②

从某种意义上说，马尔萨斯、埃尔利希和灭霸是正确的。这个宇宙是有限的。地球上的原子数量是固定的。但经济学不是计算原子数。经济学不是物理学。经济学关乎原子的价值。当原子与知识结合时，它们变得有价值。经济学是关于知识的，而知识

---

① Paul R. Ehrlich and Michael Charles Tobias, *Hope on Earth: A Conversation* (Chicago: University of Chicago Press, 2014), 144.

② "An Essay on the Principle of Population: Chapter 7," Marxists.org, https://www.marxists.org/reference/subject/economics/malthus/ch07.htm.

不受物理定律的约束。经济学研究的是，人类通过发现、扩展和交易知识为彼此创造价值的过程。正如乔治·吉尔德本人所指出的："我们这个时代与石器时代的区别完全是由于知识的增长。"正是知识的增长将稀缺转化为丰富，并使我们摆脱贫困。在《知识与决策》（*Knowledge and Decision*）中，伟大的经济学家、历史学家托马斯·索维尔指出："穴居人拥有的自然资源和我们今日拥有的相同，但我们之间生活水平的差距完全在于，他们能够运用这些资源的知识和今天所使用的知识之间的差异。"①索维尔继续评论道："市场经济虽然常被认为是货币经济，但更是知识经济……"

透过知识而不是原子的镜头来看世界，可以让我们认识到令人惊叹的丰富以及未来的机遇和可能性。知识是信息与人类智慧的结合。每个个体持有知识的能力是有限的，因此为了繁荣，我们需要相互合作和交流知识。物理学家和经济学家塞萨尔·伊达尔戈在观察到产品实际上是知识时，回应了亚当·斯密和弗里德里希·哈耶克的观点。他指出："现代社会可以积累大量的生产性知识，因为它将知识的碎片分布在众多成员之间。但要利用这些知识，就必须通过组织和市场将其重新整合起来。"②

---

① Mark J. Perry, "Quote of the Day: Thomas Sowell on the Cavemen," American Enterprise Institute, June 26, 2011, https://www.aei.org/carpe-diem/quote-of-the-day-thomas-sowell-on-the-cavemen/.

② César Hidalgo et al., *The Atlas of Economic Complexity: Mapping Paths to Prosperity* (Cambridge, Massachusetts: MIT Press, 2013), 7.

价值是我们如何创造性地组织原子、音符、纸上文字、屏幕图片和软件位数的结果。物质的数量很重要，但真正重要的是物质的价值。学习如何创造和发现新知识是丰富和繁荣的关键。

1990年，一群雄心勃勃的研究人员设定了一个目标，即绘制全部30亿个碱基对的人类基因组图谱。自项目开始以来一直参与其中并担任美国国家人类基因组研究所所长超过10年的埃里克·格林（Eric Green）博士指出："第一个基因组花费了我们大约10亿美元……现在当我们测序一个人的基因组时，费用不到1000美元，这是原来的百万分之一。"① 现在，一群中国企业家利用先进的机器人技术，希望将价格降低到100美元。如果他们实现这个目标，在2003年赚钱买一个序列所需的时间，如今可以得到超过1500万个序列。这将使DNA测序数量的增长超过百分之十五亿。

虽然钢琴有18个音符，但DNA只有四个：A（腺嘌呤）、C（胞嘧啶）、G（鸟嘌呤）和T（胸腺嘧啶）。仅凭这四个"音符"（碱基），就创造出了数十亿种独特的生命形式。而数字计算机技术只有两个"音符"：1和0。数以万亿计的代码都是用这两个"音符"编写的。

史蒂夫·乔布斯于2007年1月9日推出了iPhone。这款手机

---

① Katie Jennings, "How Human Genome Sequencing Went from \$1 Billion a Pop to under \$1000," *Forbes*, October 28, 2020, https://www.forbes.com/sites/katiejennings/2020/10/28/how-human-genome-sequencing-went-from-1-billion-a-pop-to-under-1000/?sh=6045a6e98cea.

成为有史以来最具创造性兼破坏性的设备。现在地球上 80% 的人可以使用这项技术，它推动了知识的发现和创造，并促进了最重要经济指标的发展：每小时知识产出。正如我们将看到的，时间价格是衡量全球每小时知识产出和史上最大网络学习曲线的一种方式。

我们用货币买东西，但我们用时间来付款。这意味着有两个价格：货币价格和时间价格。货币价格用美元和美分表示，而时间价格用小时和分钟表示。将货币价格转换为时间价格很简单。将产品或服务的货币价格除以小时收入即可。时间价格是一种优雅而直观地衡量我们发现和创造的知识量的方式。时间价格的变化揭示了知识的增长。经济学的信息理论基于三个基本原则：财富就是知识，增长就是学习，货币就是时间。从这三个原则中——乔治·吉尔德在本书以及他之前的著作《知识与权力》和《货币丑闻》（The Scandal of Money）中详细阐述了这些原则，我们也可以了解到如何用时间来衡量知识。

我的同事马里安·图皮和我创建了一个衡量丰富度变化的框架。我们计算一个产品在起始点的时间价格，并将其与终点的时间价格进行比较。这两种价格的比率揭示了丰富度。终点时间价格与起始时间价格的比率衡量了生产相同数量所需时间的变化。起始时间价格与终点时间价格的比率衡量了相同时间内生产数量的变化。

为了看清楚这个过程，我们假设 10 年前一磅香蕉的价格是 50 美分，你的时薪是 10 美元，即每分钟 16.7 美分。一磅香蕉的时间价格约为3分钟（50美分除以16.7美分）。现在香蕉的价格上涨到60美分一磅，但你的时薪增加到18美元，即每分钟30美分。香蕉的时间价格现在降至2分钟（60美分除以30美分）。在过去的10年里，一磅香蕉的时间价格从3分钟降至2分钟。终点时间价格除以起始时间价格的比率为2/3，约为0.67。这表明香蕉的时间价格下降了大约33%，从1降至0.67。这非常简单、明了。然而，更深入的洞察是思考在相同的时间内你能得到多少香蕉。起始时间价格除以终点时间价格的比率可以回答这个问题。3除以2等于1.5。这表明在相同的时间内，香蕉的丰富程度增长了50%。使用金融计算器或电子制表软件，你可以计算年复合增长率。个人香蕉丰富度的年复合增长率在这10年里大约为4.14%。

所谓的"70法则"是一种用于计算投资翻倍价值的方法，它是将70除以年复合增长率得出的结果。"70法则"表明香蕉丰富度每16.90年翻倍一次（70除以4.14）。再次强调，衡量丰富度有两个角度：时间的变化和数量的变化。在我们的香蕉例子中，你在相同数量的香蕉上节省了大约33%的时间；或者说，你在相同的时间内增长了50%的香蕉数量。

有四个原因可以解释为什么使用时间来衡量丰富度的变化好于使用货币。

第一，时间价格包含比货币价格更多的信息。因为创新降低了价格并提高了工资，时间价格更充分地捕捉了有价值的新知识的好处。仅仅关注价格而不关注工资，只能讲述一半故事。时间价格使得我们更容易看清整个画面。

第二，时间价格超越了将名义价格转换为实际价格所涉及的所有复杂性。时间价格避免了主观和有争议的调整，比如消费者价格指数（CPI）、GDP平减指数、隐含价格平减指数（IPD）、个人消费支出物价指数（PCE）和购买力平价（PPP）。时间价格使用每个时间点的名义价格和名义小时收入，因此不需要通货膨胀调整。

第三，时间价格可以在任何时间、任何地点以任何货币计算任何产品。这意味着你可以比较1850年法国面包的时间价格和2021年纽约橙子的时间价格。分析师还可以自由选择各种小时收入率作为分母来计算时间价格。

第四，时间是客观且普遍的常数。国际单位制（SI）已经确定了七个关键度量单位，其中六个在某种程度上都与时间的流逝有关。作为宇宙中唯一不可逆转的元素，由热力学熵赋予方向性，时间是所有测量值的最终参照框架。

时间无法膨胀或伪造。它既是固定的又是连续的。每个人每天都有完全平等的时间，都是24小时。正如托尼·史塔克（Tony Stark）在电影《复仇者联盟4：终局之战》（*Avengers: Endgame*）中对霍华德·史塔克（Howard Stark）所说："金钱永远买不到一秒钟的时间。"上述四个原因使得使用时间价格来衡量资源丰富程度比使用货币价格更为优越。时间价格优雅、直观且简单。时间价格代表了我们在生活中购买物品所付出的真实代价。

一旦你使用时间价格来计算个人丰富度的变化，你就可以衡量全球丰富度的变化。全球丰富度可以通过个人丰富度的增长乘以人口规模来衡量。全球丰富度增长的计算公式为：（个人资源丰富度变化+1）×（人口变化+1）。如果人口在这10年里增长了20%，那么全球香蕉丰富度的计算公式将是：（1+50%）×（1+20%），等于1.8。因此，全球香蕉丰富度增长了80%，表明年复合增长率为6.05%，即每11.6年翻一番。

亚当·斯密在《国富论》中解释道："一切物品的真实价格是获得它所需的辛劳和麻烦……用货币购买的东西……是通过劳动来购买的。"但劳动只是方程式的一部分。劳动的"辛劳和麻烦"实际上是时间的衡量，而图皮-普利框架提供了一种使用时间价格来量化和衡量知识增长以及丰富度增长的方法。我们发现，自工业革命以来，个人资源的丰富度几乎无一例外地增长得比人口更快。人口增加意味着更多的想法，更多的想法意味着更多的创新，而更多的创新将我们所有人提升到新的繁荣水平。

第 九 章

绽放丰盈

盖尔·普利 著[1]

---
[1] 根据计算,本章个别数据与原书略有差异。——译者注

关于我们身边的知识的增长，时间价格可以告诉我们什么呢？以下是一些例子，更多的例子可以在我与马里安·图皮合著的《超级丰盈》一书中找到。①

50 种基本商品指数

图皮－普利框架的首批应用之一是对 1980—2020 年的 50 种基本商品数据集进行分析，其中包括食品、能源、材料和金属。世界银行追踪各种商品的价格，而世界大企业联合会则追踪各国的 GDP 和总工时。通过这些数据，我们可以计算时间价格，并衡量随时间变化的丰富度（见表 9-1）。在这 40 年的时间范围

---

① 若要了解对本章的深度讨论，参见 Marian Tupy and Gale L. Pooley, *Superabundance: The Story of Population Growth, Innovation, and Human Flourishing on an Infinitely Bountiful Planet* (Washington, D.C.: Cato Institute Press, 2022).

表 9-1 1980—2020 年 50 种基本商品丰富度

商　品	时间价格的百分比变化	丰富度的百分比变化	丰富度的年复合增长率
平均	−75.20%	303.00%	3.55%
糖	−86.20%	624.90%	5.08%
皮革	−86.20%	623.40%	5.07%
猪肉	−86.10%	619.60%	5.06%
咖啡	−85.90%	611.10%	5.03%
三文鱼	−85.10%	572.40%	4.88%
天然气（欧洲）	−85.00%	568.10%	4.86%
棉花	−85.00%	564.60%	4.85%
花生	−83.00%	489.20%	4.53%
可可豆	−82.20%	462.80%	4.41%
铀	−82.00%	454.10%	4.32%
铝	−81.30%	434.30%	4.28%
羊肉	−81.10%	429.80%	4.26%
银	−80.70%	419.50%	4.21%
锡	−80.10%	402.50%	4.12%
原油	−78.20%	358.40%	3.88%
大米	−76.40%	324.20%	3.68%
橡胶	−76.30%	321.10%	3.66%
小麦	−76.10%	317.90%	3.64%
大麦	−75.70%	311.20%	3.60%
虾	−75.60%	310.50%	3.59%
天然气（美国）	−75.20%	303.80%	3.55%
棕榈油	−74.80%	297.20%	3.51%
铂	−74.60%	294.30%	3.49%
纸浆木材	−74.50%	292.60%	3.48%

续表

商 品	时间价格的百分比变化	丰富度的百分比变化	丰富度的年复合增长率
玉米	−74.20%	288.30%	3.45%
高粱	−74.00%	285.30%	3.43%
大豆	−72.40%	261.90%	3.27%
液化天然气(日本)	−71.60%	251.60%	3.19%
化肥	−71.60%	251.60%	3.19%
椰子油	−70.80%	242.40%	3.12%
柑橘	−70.80%	242.00%	3.12%
煤	−70.50%	238.70%	3.10%
原木	−70.40%	238.10%	3.09%
油菜籽	−69.90%	232.30%	3.05%
羊毛	−69.70%	230.40%	3.03%
茶	−68.30%	215.40%	2.91%
锯材	−67.60%	209.10%	2.86%
牛肉	−67.00%	203.20%	2.81%
胶合板	−63.60%	174.50%	2.56%
葵花油	−63.00%	170.00%	2.51%
烟草	−62.50%	166.60%	2.48%
铅	−60.70%	154.60%	2.36%
镍	−58.80%	142.50%	2.24%
鸡肉	−58.20%	139.20%	2.20%
铜	−44.80%	81.30%	1.50%
鱼肉	−44.60%	80.60%	1.49%
黄金	−43.20%	76.10%	1.43%
锌	−42.00%	72.30%	1.37%
香蕉	−37.50%	59.90%	1.18%
铁矿砂	−24.40%	32.30%	0.70%

内，我们分析的 50 种基本商品的平均名义价格上涨了 51.9%，但全球平均名义小时工资上涨了 412.4%。因此，这 50 种商品的平均时间价格下降了 75.20%。在这 40 年里，没有一种商品变得更加稀缺。总的说来，个人商品资源的丰富度增长了 303%。这表明年复合增长率为 3.55%，个人丰富度每 20 年翻一番。这种丰富度的增长发生在全球人口增长了 75.8% 的同时，从 44.3 亿人增加到近 78 亿人。也就是说，个人丰富度在人口增长了 75.8% 的同时增长了 303%。全球资源丰富度等于个人资源丰富度乘以人口规模。这两个值的变化率表明，自 1980 年以来，全球资源丰富度增长了 608%。全球资源丰富度以 5% 的年复合增长率增长，丰富度每 14 年翻一番。

经济学家使用弹性来衡量两个变量之间的关系。它是一个变量的百分比变化与另一个变量的百分比变化之比。1980—2020 年，50 种基本商品指数显示，人口增长 1% 相应地导致时间价格下降 1%。此外，人口增长 1% 相应地导致个人资源丰富度增长 4%，导致全球资源丰富度增长 8%。

1904—2015 年，矿物和金属的丰富度增长了 2 到 427 倍

美国地质调查局（USGS）追踪各种矿物和金属的价格，从铝到锌都有涵盖。我们对这些物品中的 43 个进行了分析，时间跨度为 111 年，从 1904 年到 2015 年（见表 9-2）。我们将名义价格转换为时间价格，使用了来自 measuringworth.com 的蓝领

表 9-2　1904—2015 年 43 种物品丰富度

物品	时间价格的百分比变化	丰富度的年复合增长率
钻石（工业用）	-99.98%	7.82%
镉	-99.44%	4.79%
铝	-98.77%	4.04%
石膏	-95.15%	3.66%
钴	-97.69%	3.45%
铋	-97.52%	3.39%
泥煤	-97.42%	3.35%
碳酸钾	-95.98%	2.94%
铝土	-95.95%	2.93%
浮石	-95.88%	2.92%
砷	-95.85%	2.91%
石榴石（工业用）	-95.79%	2.90%
硫黄	-95.78%	2.89%
硼	-94.53%	2.65%
镍	-93.43%	2.48%
石墨（天然）	-91.23%	2.22%
砂砾（建筑）	-91.04%	2.20%
锌	-90.75%	2.17%
铜	-90.16%	2.11%
铂系金属	-90.09%	2.10%
铅	-89.61%	2.06%
石材	-89.26%	2.03%
水泥	-89.19%	2.02%
磷酸盐	-89.13%	2.02%
盐	-88.81%	1.99%

续表

物品	时间价格的百分比变化	丰富度的年复合增长率
长石	−87.28%	1.87%
银	−86.95%	1.85%
锡	−86.71%	1.83%
生石灰	−84.97%	1.72%
碎石块	−83.26%	1.62%
重晶石	−81.69%	1.54%
硅藻土	−79.59%	1.44%
汞	−78.03%	1.37%
铬	−75.98%	1.29%
锰	−75.25%	1.27%
锑	−74.75%	1.25%
铁矿石	−74.45%	1.24%
镁化合物	−70.74%	1.11%
黄金	−69.80%	1.08%
砂砾（工业用）	−68.75%	1.05%
钨	−67.61%	1.02%
氧化铁颜料	−56.16%	0.75%
石棉	−54.48%	0.71%

工人的小时报酬（工资和福利）数据。我们发现，这43个物品都变得更加丰富，石棉丰富度增长了119.7%，工业钻石丰富度增长了426145%。中位数物品丰富度的增长率大约是831%，年复合增长率为2.03%。工业钻石的时价间格下降了99.98%，在1904年赚取购买一颗此种钻石的钱所需的时间，在2015年可

以得到 4262 颗钻石。工业钻石丰富度以 7.82% 的年复合增长率增长。随着这种丰富度的增长，钻石真正成为工业的最佳伙伴之一。

这种矿物和金属丰富度的增长与全球人口增长 369.1%（从 16.2 亿人增加到 76 亿人）同时发生，年复合增长率约为 1.4%。朱利安·L. 西蒙观察到，与常识相反，我们使用"不可再生"资源越多，我们发现的就越多。随着价格的上涨，人们被激励去寻找更多资源。价格越高，我们就越努力去寻找更多替代品或者创造替代品。可重复使用性也是这些物品的一个关键特征。这些证据强烈支持西蒙定理。我们的"不可再生"金属和矿物丰富度的增长速度远远快于我们的人口增长速度。

创新之钉

安柏瑞德大学的丹尼尔·西塞尔（Daniel Sichel）教授发表了一篇有关钉子的有趣论文。他发现，在工业革命之前，一个熟练的铁匠或钉匠需要大约一分钟才能制造出一颗手工锻造的钉子。而如今，一个工人可以每分钟生产 3500 颗钉子。在过去 250 年里，钉子的生产效率提高了 349900%，这意味着年复合增长率约为 3.31%。

1902 年，西尔斯·罗巴克公司（Sears Roebuck）以 53 美分的价格销售锤子。听起来这是个不错的交易，直到你意识到蓝领工人的工资是每小时 15 美分。一把锤子需要 3.53 小时的工作。

如今，家得宝公司（Home Depot）出售的一把基本款锤子的价格约为 6.50 美元，而一名蓝领工人的每小时报酬（工资和福利）约为 33.39 美元。这意味着一把锤子的时间价格约为 12 分钟。1902 年只能买到一把锤子的时间价格，2022 年可以购买大约 18 把锤子（见图 9-1）。如果自 1902 年以来锤子和工资没有任何变化，那么 2022 年一把普通的锤子会贵 18 倍，约为 117 美元。

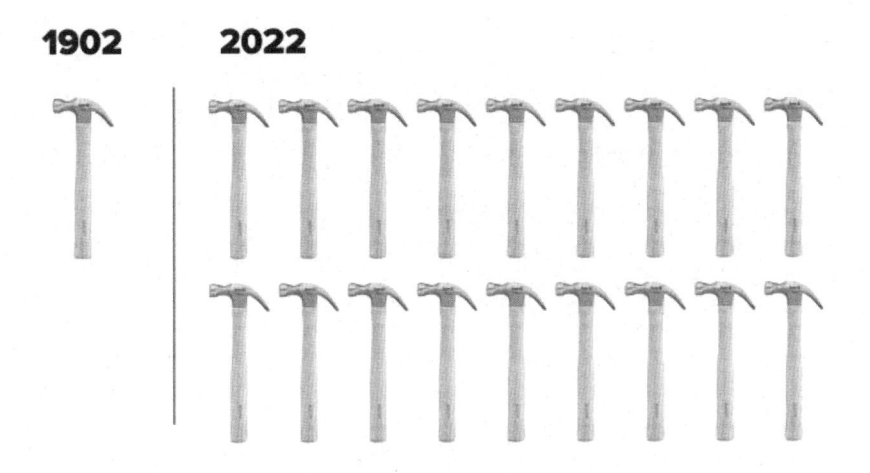

图 9-1　锤子的时间价格

钉子的"安装"价格也大幅下降。钉枪在 20 世纪 80 年代初开始广泛使用。一个工人用锤子每分钟可以安装 6 颗钉子，而用钉枪则可以每分钟安装 20 颗钉子。而且，他在一天结束时不会感到那么疲劳和酸痛。

玉米企业家使我们免受达沃斯精英的困扰

达沃斯的那些与会者如今执着于说服我们相信,我们的生存取决于将我们的饮食从牛肉、鸡肉和猪肉改为蠕虫、昆虫和虫子。"可持续性"是关闭我们的"得州路边餐厅"(Texas Roadhouses)和"澳拜客牛排餐馆"(Outback Steakhouses)的新借口。我们真的会耗尽这些美味的蛋白质产品吗?玉米是这些美味晚餐肉类生长的基本食物原料。20 世纪 30 年代,玉米的产量约为 26 蒲式耳(约 945.6 升)/英亩(见图 9-2)。如今,这个数接近 175 蒲式耳/英亩,最高产的农场甚至达到了惊人的 477 蒲式耳/英亩。在过去 85 年里,玉米的丰富度增长了 573.1%。如今 1 英亩(约为 4046.9

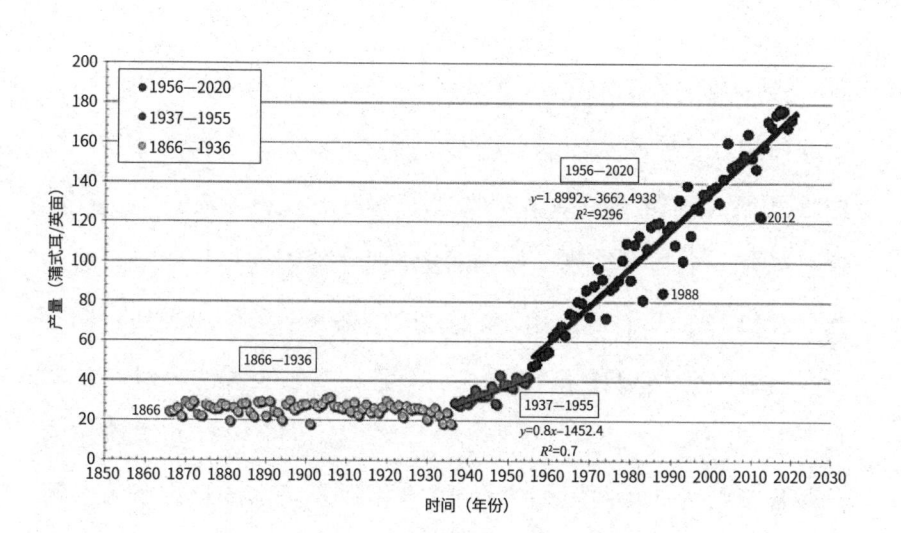

图 9-2 1866 至 2020 年美国玉米产量趋势图

平方米）土地的玉米产出相当于 1936 年 6.73 英亩的玉米产出。我们可以将这 5.73 英亩种植其他作物、建设公园或还给大自然。玉米企业家每英亩提高玉米产量约 1.75 蒲式耳，即每年增长 2.27%。按照这个速度，每英亩的玉米产量大约 31.3 年翻一番。

在这 85 年里，美国人口增长了 157.8%，从 1.28 亿人增加到 3.3 亿人。人口每增长 1% 对应个人玉米丰富度增长 3.63%。另一个重要因素是用于种植玉米的土地。1936 年，若每个美国人需要 1 蒲式耳玉米，则所需土地面积为 490 万英亩。而如今，随着人口增加了 2.02 亿人，我们需要大约 190 万英亩的土地就能种植出每个人所需的 1 蒲式耳玉米。与此同时，人口增长了 157.8%，而我们将玉米生产所需的土地减少了 61%。

自行车特卖：买一辆送 21 辆

1910 年，你能够以 11.95 美元的价格，从西尔斯·罗巴克公司的商品目录中购买一辆自行车。听起来这是个不错的交易，直到你意识到蓝领工人每小时收入（工资和福利）只有 18 美分。这意味着一个工人需要工作 66.39 小时才能赚到买一辆自行车的钱。2021 年，我们可以用 98 美元的价格，在沃尔玛买到一辆自行车，名义价格增长了 720.1%。但是，蓝领工人的小时工资增长了 18450%，达到 33.39 美元/小时。这使得 2021 年自行车的时间价格约为 3 小时。如果自 1910 年以来基本款自行车的时间价格保持不变，那么 2021 年的价格将达到大约 2216 美元（66.39

小时 ×33.39 美元)。时间价格已经下降了 95.6%，从 66.39 小时降至 2.94 小时。在 1910 年赚钱买一辆自行车所需的时间，在 2021 年可以得到 22.62 辆自行车。这代表个人层面上自行车的丰富度增长了 2162%。

这种惊人的个人自行车丰富度的增长，发生在全球人口增长 345%（从 17.5 亿人增加到 78 亿人）的情况下。全球自行车丰富度可以通过将个人丰富度乘以人口规模来衡量。全球自行车丰富度从 1910 年的 1.75 到 2021 年的 176.43，增长了大约 9981%。人口每增长 1%，自行车的丰富度增长 28.87%。另一种思考自行车丰富度的方式是，将今天每个人都拥有自行车所需的时间与 1910 年相比。1910 年，这一时间需要 1161.8 亿小时。而 2021 年，全球尽管多了 60 亿人口，但这一时间只需要 228.89 亿小时。人口增长了 345.7%，而总时间成本下降了 80% 以上。

表 9-3　自行车的时间价格

自行车	1910 年	2021 年	百分比变化
货币价格	11.95 美元	98.00 美元	720.1%
每小时收入	0.18 美元	33.39 美元	18450.0%
时间价格	66.39 小时	2.94 小时	−95.6%
每 66.39 小时工作购买的自行车数量	1.00 辆	22.62 辆	2162.0%
世界人口	17.50 亿人	78.00 亿人	345.7%
丰富度	1.75	176.43	9981.7%
全球每人购买一辆自行车所需总时间	1161.80 亿小时	228.89 亿小时	−80.3%

丰盛的比萨

比萨连锁店小恺撒（Little Caesars）25 年来首次提高了其著名的 5 美元热辣款比萨的价格。这种成为全美大学生主食的比萨 Hot-N-Ready 首次推出是在 1997 年。杰里米·霍普达（Jeremy Horpedahl）教授提供了一张精美的图，展示了美国中位数工人如果将全部收入花在比萨上可以购买的比萨数量（见图 9-3）。这是时间价格的一个很好例证。名义价格可以保持不变，但是由于名义工资翻倍，时间价格下降了 50%。现在你可以用赚到这笔钱所需的时间买到两个比萨，而在 1997 年只能买到一个比萨。比萨的供应增长了 100%。

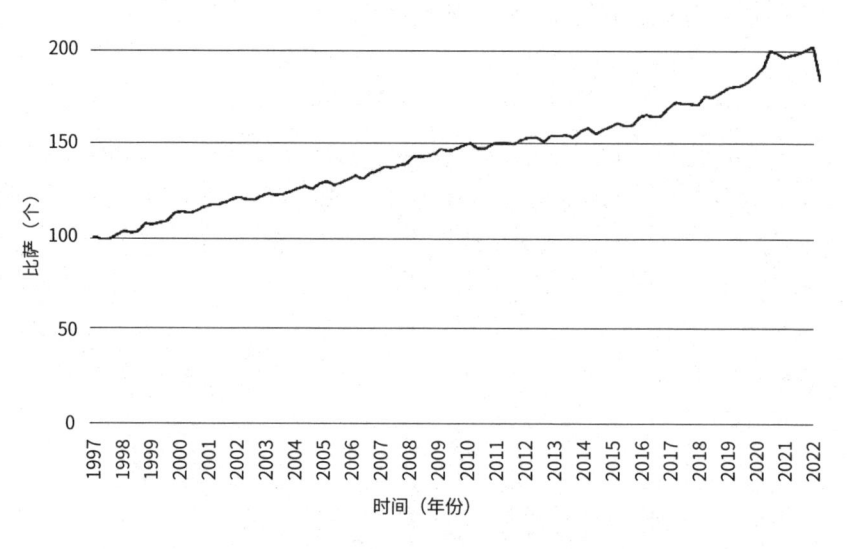

图 9-3　美国中位数工人用全部工资购买比萨所能买到的小恺撒 Hot-N-Ready 比萨数量（最后两个数据为估计）

《纽约邮报》（*New York Post*）报道，促销派的价格将增长 11%，达到 5.5 美元。这款派最初是通过广告摇摆板首次推出的。小恺撒首席执行官大卫·斯克里瓦诺（David Scrivano）表示，提高价格是为了平衡不断上涨的劳动力和商品成本，因为意大利辣香肠的价格在新冠疫情期间飙升了 50% 以上。考虑到最近的价格上涨，这些比萨仍比 1997 年便宜了 44%。这意味着今天你在同样的时间里可以获得比 25 年前多 80% 的比萨。小恺撒的 Hot-N-Ready 比萨的丰富度每年以 2.37% 的速度增长。美国各地的大学生在宿舍里不得不拼命在沙发垫里抠出额外的 55 美分，以便在考前临时抱佛脚的整夜突击时用这种美味充饥。

104

空调大甩卖：降价 97%

空调最早是在 1902 年由威利斯·卡里尔（Willis Carrier）在纽约布鲁克林发明的。卡里尔为当地一家出版商发明了空调，该公司由于工厂内炎热潮湿的环境而遇到一些问题。布鲁克林炎热的夏天意味着出版商工厂里的印刷纸常常吸收空气中的湿气，这反过来会导致纸张膨胀变形，使得印刷页面上的颜色无法准确对应。尽管最初空调用于工业用途，但在 20 世纪 50 年代的战后经济繁荣时期，它变得非常流行，其使用范围扩展到了办公室、酒店、商店、电影院和私人住宅。

关于空调发明最令人印象深刻的一点是，它是如何从仅供社会上最富有之人享用的奢侈品迅速变得平民化的。迈克尔·考克斯（Michael Cox）和理查德·阿尔姆（Richard Alm）报道，1952年一台5500BTU空调的平均成本为350美元（见表9-4）。蓝领工人的小时工资约为1.83美元，所以购买这台空调需要191.26小时的工作时间。2021年，沃尔玛仅以187美元就可销售一台更高效的6000BTU空调（带遥控器）。2021年，蓝领工人的小时工资约为33.39美元，只需5.56小时的工作时间就能购买这样一台空调。自1952年以来，购买一台空调的时间价格已经下降了超过97%。这意味着用于购买一台空调的相同工作时间，在2021年可以购买超过34台空调。如果1952年美国每人（1.58亿人）购买一台空调，那将需要超过300亿小时的总工作时间。尽管美国的人口增长了108.9%，达到3.3亿人，但2021年每个美国人都购买一台空调只需要18.48亿小时的工作时间。虽然美国人口增长了108.90%，但空调的总工作时间价格下降了93.9%。这听起来相当酷。

表9-4 空调的时间价格

空调	1952年	2021年	百分比变化
货币价格	350.00美元	187.00美元	-46.6%
每小时收入	1.83美元	33.39美元	1724.6%
时间价格	191.26小时	5.56小时	-97.1%
丰富度	1.00	34.15	3315.0%
美国人口	1.58亿人	3.30亿人	108.9%
美国每人购买一台空调所需总时间	302.19亿小时	18.48亿小时	-93.9%

追求虚拟丰富：Oculus-Meta 的探索

很难相信，Oculus 虚拟现实头盔还不到 10 年的历史。2016 年，以 599 美元的价格面向公众发布的初始版 Oculus Rift，每只眼睛惹人注目地搭配了 1080×1200 的 OLED（有机发光二极管）屏幕，共有 2592000 个像素（见表 9-5）。触摸设备是一个技术上可选但对该系统非常重要的组件，售价为 199 美元。该设备还需要一台价值至少 1000 美元的游戏电脑。这将使你的总成本达到约 1798 美元。2021 年，重新命名为 Meta Quest 2 的设备能够以 299 美元的价格获得。这款新头戴设备看起来有点像原始的 Oculus Rift，但现在包含了自己的 CPU（中央处理器）、GPU（图形处理器）、RAM（随机存取存储器）和存储内存。128GB 的设备可以容纳大约 80 个游戏。该设备提供了一个 1832×3800 的 LCD 显示屏，共有 7034880 个像素，比原始 Rift 多了 171.4%。如今，用户可以选择超过 250 款游戏，包括 85 款游戏多人游戏。其中，60 款游戏的收入超过了 100 万美元，6 款游戏的收入超过了 1000 万美元。

根据美国劳工统计局的数据，生产和非监管工人的小时工资率增长了 21.5%，从 2016 年的每小时 21.72 美元增加到 2021 年的每小时 26.4 美元。因此，蓝领工人购买 Oculus-Meta 的时间价格下降了 86.3%，从 2016 年的 82.78 小时降至 2021 年的 11.33 小时。因此，蓝领工人在 2021 年可以用相同的工作时间购买 7.31 台，而在 2016 年只能购买 1 台。因此，人们享受虚拟现实的机会增长了 631%，以每年约 50% 的年复合增长率增长。如果这一趋势持续下去，到 2026 年，Meta Quest 的成本将不到 1.5 小时的工作时间，并且功能将更加强大。

表 9-5　Oculus-Meta 的时间价格

Oculus-Meta	2016 年	2021 年	百分比变化
货币价格	1798.00 美元	299.00 美元	−83.4%
每小时收入	21.72 美元	26.40 美元	21.5%
时间价格	82.78 小时	11.33 小时	−86.3%
丰富度	1.00	7.31	631.0%

107　**丰富的视觉体验：OLED 电视**

韩国 LG 在推出 OLED 技术时，为显示质量设定了新的标准。2016 年，LG 的 65 英寸电视售价为 5999 美元（见表 9-6）。在 2021 年的圣诞季，人们可以在沃尔玛或亚马逊购买到价格为 1797 美元的电视。这款新产品还内置了 Netflix（网飞）、Prime Video、AppleTV+ 和 Disney+ 的访问功能。生产和非监管工人工资率增长了 21.5%，从 2016 年的每小时 21.72 美元增加到 2021 年的每小时 26.4 美元。因此，对于这些工人来说，65 英寸电视的时间价格下降了 75.4%，从 2016 年的 276.2 小时降至 2021 年的 68.07 小时。因此，工人在 2021 年可以用相同的工作量购买大约 4 台电视，而在 2016 年只能购买 1 台。

人们坐享美丽的大屏幕变得更加容易，其丰富度增长了 306%，年复合增长率约为 32.3%。如果这一趋势持续下去，到

2026年，65英寸的显示屏将只需花费16小时的工作报酬。

表 9-6 LG电视的时间价格

LG 电视	2016 年	2021 年	百分比变化
货币价格	5999.00 美元	1797.00 美元	−70.0%
每小时收入	21.72 美元	26.40 美元	21.5%
时间价格	276.20 小时	68.07 小时	−75.4%
丰富度	1.00	4.06	306.0%

航空旅行

美国劳工统计局追踪飞机票价，据其报告，自2016年以来飞机票价格下降了24.8%，从270.9美元下降到203.8美元（见表9-7）。与此同时，工资增长了21.5%，从2016年的每小时21.72美元增加到2021年的每小时26.4美元。与2021年的7.72小时相比，2016年平均飞机票价的时间价格为12.47小时，下降了38.1%。如果你在2021年的工作时间和2016年一样，你将额外获得62%的机票。飞行的丰富度以每年约10.7%的年复合增长率增长。按照这个速度，我们每7.22年就会多拥有一倍的航班数量。

表 9-7 飞机票的时间价格

飞机票	2016 年	2021 年	百分比变化
货币价格	270.90 美元	203.80 美元	−24.8%
每小时收入	21.72 美元	26.40 美元	21.5%
时间价格	12.47 小时	7.72 小时	−38.1%
丰富度	1.00	1.62	62.0%

每个人都可以免费获得价值 24 亿美元的图书

古腾堡在 1440 年左右革新了印刷术。当时，一本普通图书的成本约为 135 天的劳动，从短篇图书的 15 天到重要作品的 256 天不等。每天工作 8 小时，一本普通图书需要 1080 小时的工作时间。如今，蓝领工人的小时报酬（工资和福利）约为 33.39 美元。如果自 1440 年以来没有图书创新，一本典型图书的货币价格将达到 36061 美元。

1971 年 7 月 4 日，迈克尔·S. 哈特（Michael S. Hart）在他的计算机上输入《独立宣言》（Declaration of Independence）并将文件分发给他的所有朋友，从而创建了最早的电子书。他随后创建了古腾堡计划，旨在鼓励电子书的创作和免费分发。在过去的 50 年里，借助成千上万名志愿者的帮助，这个组织已经创建了一个拥有 67000 卷文学、参考资料等图书的图书馆，涵盖了 60 多种语言和方言。在古腾堡和他的印刷机，以及哈特和他的计算机出现之前，拥有一座含 67000 卷藏书的图书馆需要花费 24.16087 亿美元。如今，它几乎是免费的。我们都可以免费享受阅读一本好书，并利用我们节省的 1080 小时创造一些有价值的新知识来分享。全球的丰富度可以通过个体价值乘以人口来衡量。按照 78 亿人口计算，图书创新的总价值将达到 18845478.60 万亿美元。财富真的就是知识。

丰盛的早餐

我的同事马里安·图皮和我比较了1919年和2019年12种早餐食品的价格（见表9–8）。这些物品包括培根、面包、黄油、咖啡、玉米片、小麦粥、鸡蛋、火腿、鲜牛奶、橙子、燕麦片和砂糖。1919年的价格由美国劳工统计局提供，而2019年的价格则是通过在沃尔玛购物收集的。1919年的购物者需要花费约4.18美元来购买这12种物品，但以每小时43美分的工资计算，他们需要大约9.72小时的工作时间来储备早餐食品和冰箱里的食物。到了2019年，早餐购物篮的账单增加到了32.96美元。但是，每小时的工资增加到了32.36美元，所以只需要稍微超过一个小时就可以购买到同样12种物品。时间价格平均下降了93%，其中橙子下降了73.5%，鸡蛋下降了97.2%。1919年，用于购买一篮这些早餐物品所需的时间价格，如今可以购买9.54篮。这意味着个人早餐的丰富度增长了854%。

相比1919年的工人，2019年的工人有8.7倍的"自由"。除了为早餐付账而工作外，他们有更多的时间去做其他事情。他们可以享受更多的休闲时光，学习新技能，赚钱购买其他物品，或者小憩片刻。从这个意义上说，创新给人们带来了更多的自由。

表 9-8 1919 年、2019 年早餐食品的时间价格

商品	1919年美国劳工统计局名义价格	2019年沃尔玛名义价格	1919—2019年名义价格百分比变化	1919年时间价格（每小时收入0.43美元）	2019年时间价格（每小时收入32.36美元）	1919—2019年时间价格百分比变化	1919—2019年个人资源丰富度倍数（1919=1）	1919—2019年个人资源丰富度百分比变化
培根切片1磅	0.53美元	3.68美元	598.3%	1.23小时	0.11小时	-90.7%	10.78	978%
面包1磅	0.10美元	1.28美元	1154.9%	0.24小时	0.04小时	-83.3%	6.00	500%
黄油1磅	0.67美元	3.04美元	352.4%	1.56小时	0.09小时	-94.0%	16.64	1564%
咖啡1磅	0.43美元	4.00美元	828.1%	1.00小时	0.12小时	-87.7%	8.11	711%
玉米片8盎司	0.14美元	0.40美元	185.7%	0.33小时	0.01小时	-96.2%	26.34	2534%
小麦粥28盎司	0.25美元	3.48美元	1286.5%	0.58小时	0.11小时	-81.6%	5.43	443%
鸡蛋1打	0.61美元	1.28美元	108.8%	1.43小时	0.04小时	-97.2%	36.04	3504%
火腿1磅	0.57美元	3.00美元	429.1%	1.32小时	0.09小时	-93.0%	14.22	1322%
鲜牛奶1夸脱	0.15美元	0.96美元	523.4%	0.36小时	0.03小时	-91.7%	12.07	1107%
橙子1打	0.53美元	10.56美元	1896.2%	1.23小时	0.33小时	-73.5%	3.77	277%
燕麦片1磅	0.08美元	0.96美元	1115.2%	0.18小时	0.03小时	-83.9%	6.19	519%
砂糖1磅	0.11美元	0.32美元	183.2%	0.26小时	0.01小时	-96.2%	26.57	2557%
总计	4.18美元	32.96美元	721.8%	9.72小时	1.02小时	-89.5%	9.54	854%

注：美制1湿量夸脱为1.101升。

这个早餐丰富度增长了854%，而美国人口增长了214%，从1.045亿人增加到3.282亿人。人口每增长1%，对应个人早餐丰富度增长4%。

你可以通过将个人资源丰富度乘以群体规模来衡量群体资源丰富度的大小。我们称之为"人口资源丰富度"。这个值随时间的变化可以显示出，资源对于一个群体、国家或整个地球来说是变得更加丰富还是更加匮乏。考虑到个人早餐丰富度的增长和人口增长，美国早餐资源总量增长了2896%。每增长1%的人口，美国早餐篮子的规模就会相应增长13.53%。早餐资源已经变得非常丰富，增长速度远远超过人口增长速度。当你早上享用早餐时，请花一点时间感谢那些为我们所有人的早餐付出努力的人。

钻　头

黑德克公司（Black and Decker）成立于1910年，并于1914年推出了一款创新的单人钻孔机。它的灵感来自一把带有握把和扳机的柯尔特（Colt）手枪。1946年，黑德克公司推出了第一款1/4英寸家用电钻。1961年，该公司推出了第一款无绳电钻。1971年，美国国家航空航天局（NASA）的阿波罗15号任务使用了一台黑德克无绳电钻在月球上钻取了岩心样本。1946年，电钻售价为16.95美元（见表9-9）。当时蓝领工人的小时工资为1.13美元，所以时间价格为15小时。1961年的无绳电钻是一项伟大的技术进步，但价格相对较高，售价为100美元。以每小时 2.6 美元的蓝领工人时间价格计算,购买一台设备需要 385 小时。

2021 年,你能够以 26.51 美元的价格,在家得宝或亚马逊购买一台黑德克无绳电钻。与 1946 年的有绳电钻相比,名义货币价格增长了 56.40%,但与 1961 年的无绳电钻相比,降低了 73.5%。然而,真正重要的是时间价格。在 1946 年购买一台电钻需要 15 小时的时间,而 2021 年只需要大约 49 分钟。时间价格下降了 94.6%。你在 1946 年所需的工作小时数,在 2021 年可以购买到 18.41 台更好的电钻。电钻的丰富度以及它们可以创造的孔和安装的螺丝增长了 1741%。或许,你家里的一位手巧的成员会喜欢在他的下一个生日或圣诞节收到一台电钻呢!你可以感谢黑德克公司以及其他电钻革新者和企业家,他们使这些实用工具变得如此经济实惠。

表 9-9 电钻的时间价格

电 钻	1946 年	2021 年	百分比变化
货币价格	16.95 美元	26.51 美元	56.4%
每小时收入	1.13 美元	32.54 美元	2779.6%
时间价格	15.00 小时	0.81 小时	-94.6%
丰富度	1.00	18.41	1741.0%

住房负担

根据美国人口普查局的数据,1980 年美国房屋的中位数销售价格为 64600 美元，中位数面积为 1595 平方英尺，即每平方英尺 40.5 美元。同年，蓝领工人的每小时报酬平均为 9.12 美元，意味着每平方英尺需要约 4.44 小时。到了 2020 年，房屋的中位数销售价格上涨至 336900 美元，但面积增加至 2261 平方英尺，即每平方英尺 149 美元。2020 年，蓝领工人的每小时报酬平均为 32.54 美元，意味着每平方英尺需要约 4.58 小时。从这个角度来看，房屋价格在这 40 年里仅增长了 3.2%。

但房屋通常是通过融资购买的，使得实际付款比价格更重要。1980 年的抵押贷款利率为 13.74%，而 2020 年的抵押贷款利率为 3.11%。1980 年，一栋面积为 1595 平方英尺的房屋的 30 年贷款金额为 64600 美元，每月还款额为 752.15 美元，意味着每平方英尺 0.47 美元。小时工资为 9.12 美元，使得每平方英尺的每月还款时间价格为 3.10 分钟。2020 年，一栋面积为 2261 平方英尺的房屋的 30 年贷款金额为 336900 美元，每月还款额为 1440.4 美元，意味着每平方英尺 0.64 美元。小时工资增加到 32.54 美元，使得每平方英尺的每月还款时间价格为 1.17 分钟。每平方英尺的房屋月贷款还款时间价格减少了 62.3%。

请注意，我们的计算没有考虑到建筑质量、装修和能源效率的提高。另一个需要考虑的重要因素是，在这段时间里，家庭人数从 2.76 人减少到 2.53 人，人均面积增长了 54.7%，从 1980 年的 578 平方英尺增加到 2020 年的 894 平方英尺。

表 9-10　房屋的时间价格

住　房	1980 年	2020 年	百分比变化
中位数销售价格	64600.00 美元	336900.00 美元	421.5%
中位数面积	1595.00 平方英尺	2261.00 平方英尺	41.8%
销售价格／中位数面积	40.50 美元	149.00 美元	267.9%
30 年抵押贷款利率	13.74%	3.11%	−77.4%
每月还款额	752.15 美元	1440.45 美元	91.5%
每平方英尺每月还款额	0.47 美元	0.64 美元	36.2%
每小时报酬	9.12 美元	32.54 美元	256.8%
按小时每月还款时间价格	82.47 小时	44.27 小时	−46.3%
每平方英尺按分钟每月还款时间价格	3.10 分钟	1.17 分钟	−62.3%
每平方英尺按小时时间价格	4.44 小时	4.58 小时	3.2%
家庭人数	2.76 人	2.53 人	−8.3%
家庭人均面积	578.00 平方英尺	894.00 平方英尺	54.7%

厨房器具

创新是否降低了厨房器具的时间价格？要回答这个问题，我们回到 1980 年的西尔斯秋冬商品目录，查看一下各种厨房器具的价格，包括咖啡机、烤面包机、搅拌机、开罐器、搅拌器和食品加工器。购买所有这些物品的总成本为 219.94 美元。1980 年，无技能工人的小时工资约为 4.06 美元，所以需要工作 54.17 小时才能装备这些现代厨房器具。然后，我们在沃尔玛的网站上搜索了类似的物品。2020 年，这六种物品的货币价格下降了 57.32%，降至 93.87 美元。然而，无技能工人的名义工资增长了 253.7%，达到每小时收入 14.36 美元，因此 2020 年人们只需要工作 6.54 小时就能购买这六种器具。时间价格下降了 87.9%。厨房器具的丰富度平均增长了 729%，从搅拌机的 254% 到食品加工机的 2023%。对于在 1980 年购买一套这些器具所需的时间，你可以在 2020 年装备 8.29 个房子。厨房器具的丰富度以每年约 5.43% 的年复合增长率增长。按照这个速度，厨房器具的丰富度每 13 年翻一番。在准备晚餐时，你可以花点时间感谢那些厨房器具创新者，他们为每个家庭提供了额外的 47.63 小时的时间享受生活。

表 9–11 厨房器具的时间价格

厨房器具	1980 年西尔斯货币价格	1980 年时间价格（每小时收入 4.06 美元）	2020 年沃尔玛货币价格	2020 年时间价格（每小时收入 14.36 美元）	时间价格百分比变化	丰富度增长
咖啡机	31.99 美元	7.88 小时	13.90 美元	0.97 小时	−87.7%	714%
烤面包机	19.99 美元	4.92 小时	14.96 美元	1.04 小时	−78.9%	373%
搅拌机	19.99 美元	4.92 小时	19.96 美元	1.39 小时	−71.7%	254%
开罐器	16.99 美元	4.18 小时	15.18 美元	1.06 小时	−74.6%	296%
搅拌器	10.99 美元	2.71 小时	9.88 美元	0.69 小时	−74.5%	293%
食品加工器	119.99 美元	29.55 小时	19.99 美元	1.39 小时	−95.3%	2023%
总　计	219.94 美元	54.17 小时	93.87 美元	6.54 小时	−87.9%	729%

皮 卡

在过去的 50 年里，皮卡变得更加经济实惠了吗？我们可以尝试比较一辆 1970 年生产的皮卡和一辆 2021 年生产的皮卡，但它们几乎像尤戈（Yugo）①和雷克萨斯（Lexus）一样不同。

根据美国汽车经销商协会的指南，1970 年你能够以 2599 美元购买一辆基本款的福特皮卡。蓝领工人的每小时报酬（工资和福利）为 3.9 美元，相当于 661.3 小时的时间价格。而 2021 年的基本款福特 F-150 现在售价为 28940 美元，蓝领工人的每小时报酬约为 32.54 美元，相当于 889.4 小时的时间价格，比 1970 年增长了约 35%。

但是，2021 年的皮卡型号与 1970 年的皮卡型号完全不同。一加仑油行驶里程提高约一倍，1970 年城市道路的行驶里程为 12 英里，高速公路的行驶里程为 14 英里，2021 年城市道路的行驶里程为 22 英里，高速公路的行驶里程为 30 英里。其他的区别包括：保修期（1970 年为 12 个月，2021 年为 36 个月）、可靠性、动力、安全性和舒适性等方面都有了显著提升。如果我们保守地估计这些因素相较于 1970 年款皮卡提升了 100%，那么相对于 1970 年款皮卡，2021 年款皮卡的时间价格实际上已经降低到

---

① 尤戈是南斯拉夫的一种汽车品牌，在 20 世纪 80 年代和 90 年代非常知名，以低廉的价格和简单的设计而受到欢迎。尤戈常被嘲笑为世界上最糟糕的汽车。——译者注

了 444.7 小时，降幅达到了 33%。你只需要花费 50% 的时间，就能获得比 50 年前更多的载货能力。

大多数人购买新车时不用现金支付。所以，与住房一样，付款方式比价格更重要。1970 年的汽车贷款利率约为 11.5%，而 2021 年的贷款利率为 4.25%。假设贷款期限为 5 年，1970 年款皮卡的每月还款额为 57.16 美元，而 2021 年款皮卡的每月还款额为 536.2 美元。以每小时 3.93 美元和 32.54 美元的小时薪酬计算，1970 年的时间价格为 14.54 小时，2021 年的时间价格为 16.48 小时。付款时间价格增长了 13%。如果你认为 2021 年款皮卡比 1970 年款皮卡好 100%，那么 2021 年的还款时间将降至 8.24 小时，比 1970 年的付款时间低 43%。1970 年只能购买一辆皮卡的时间价格，在 2021 年可以购买 1.76 辆。

也许更好的比较方法是找到 2021 年制造的与 1970 年福特皮卡相当的产品。比如，印度的马恒达（Mahindra）和中国的福田（Foton）、江淮（JAC），以及日本的海拉克斯（Hilux）[①]，都生产类似 1970 年的福特 F-100，售价约为 1 万美元。以每小时 32.54 美元的蓝领工人工资计算，购买这款车所需的时间价格约为 307 小时。这种方法表明皮卡的价格已经降低了 53%。1970 年购买一辆皮卡所需的时间，在 2021 年可以购买 2.12 辆。在过去的 50 年里，皮卡的供应量增长了 112%。得益于富有创造力的企业家和全球竞争，皮卡在过去的 50 年里取得了重大创新。这些创

---

① 丰田旗下的皮卡产品。——译者注

新使得皮卡的价格降低了33%至53%，也就是说供应量增长了50%至112%。

116 小马快递、火车和电报

创新可以突然爆发，就像电报取代了小马快递（Pony Express）一样。创新的小马快递将邮件递送时间缩短了一半，并在18个月内成为美国境内传递信息最快的方式。该服务于1860年4月3日开始，在密苏里州圣约瑟夫和加利福尼亚州萨克拉门托之间运送邮件。这条长达2000英里的路线大约需要10天，每个骑手每次骑行75—100英里，每10—15英里更换一匹马。

西联汇款（Western Union）于1861年7月4日竖立第一根电报杆，标志着第一个横贯大陆的电子通信系统的诞生。112天后，也就是1861年10月24日，该系统竣工。两天后，小马快递停止运营。小马快递本身是一项创新，将传递信息的时间缩短了50%。经过18个月后，小马快递被其他创新取代，从而退出了市场。我们将这些事件称为"突变式"创新。

一条小附注：连接艾奥瓦州康瑟尔布拉夫斯和旧金山的1912英里横贯大陆铁路于1863年开始修建，并于1869年5月10日竣工。铁路使用桥梁和隧道穿越河流和山脉。铁路在连接大陆的竞赛中处于快速学习曲线上。如今，火车可以仅用一加仑的燃油将一吨货物运送大约492英里。

越来越甜蜜

1850 年，糖的售价为每磅 17 美分。考虑到工厂工人每小时赚取 6 美分，工人需要工作 2 小时 50 分钟才能赚取足够的钱买一磅糖。如今，糖的售价约为每磅 32 美分（美国政府的关税和补贴为保护国内糖业免受全球竞争的影响，使得美国糖价远高于每磅 17 美分的世界价格）。与此同时，美国工厂工人的每小时收入为 32.54 美元。因此，一磅糖现在"价值"35 秒的工作时间。换句话说，1850 年购买一磅糖所需的 2 小时 50 分钟的工作时间，如今可以让工厂工人获得 288 磅糖。自 1850 年以来，生活变得甜蜜了 287 倍。

玩 具

美国人喜欢玩具。美国人虽然只占世界人口的 4.25%，但购买了全球 34.3% 的玩具。2020 年，全球玩具销售额达到 950 亿美元，其中美国的支出约为 326 亿美元。美国人对玩具的热爱是全球平均水平的 8 倍。为什么美国人要买这么多玩具呢？可能是因为美国人喜欢玩具的价格。美国劳工统计局追踪玩具价格并报告说，自 2016 年以来，玩具价格从 39.7 美元下降到 28.9 美元，即下降了 27.2%。根据美国劳工统计局的数据，蓝领工人的每小时收入增长了 21.5%，从 2016 年的每小时 21.72 美元增加到 2021 年的 26.4 美元。如果玩具价格在同一时间下降了 27.3%，而工资增长了 21.5%，那么玩具的时间价格将下降 40.1%。如果你在 2021 年花同样时间工作来赚取玩具钱，你将比 2016 年多得到 67% 的玩具。玩具的丰富度以每年约 10.8% 的年复合增长率增长。用同样的工作时间，我们每 6.75 年得到的玩具数量就会翻倍。请享受在下个节日购买或收到的玩具，并感谢那些数以百万计具有聪明才智和创业精神的玩具创造者，让我们的生活如此有趣。

118 结　论

以上这些只是我们正在经历的知识惊人增长的几个例子。我们之所以没有感觉到这种增长速度，与我们乘坐商业航班时没有意识到自己以每小时 550 英里的速度移动的原因相同。我们不会想到使我们体验到愉快和安全的数百万个复杂部件、数百万行计算机代码和数百万人的投入。时间价格应计入学习曲线和知识扩展的因素，它们证明，当谈及世界的经济、繁荣和丰富时，未来看起来比以往任何时候都更加光明。

第十章

金融疯长

罗伯特·赖克和我交情颇深,堪称终生知交。20世纪80年代,我们在大庭广众或电视观众面前辩论了无数次。现在我们撰写的图书,虽然经常存在分歧,但在对后资本主义生活的描述上又奇妙地趋于一致。

　　20世纪70年代末,我写的《财富与贫困》一书,在里根政府时期成为畅销书。鲍勃(Bob)①则是1983年出版的《下一个美国边疆》(The Next American Frontier)一书的作者,谴责里根的计划。不久之后,即1991年,他写了一本名为《国家的工作》(The Work of Nations)的书,伴随着他升任克林顿总统的劳工部部长。②作为罗兹学者,赖克曾是比尔·克林顿在牛津大学的同学。在耶鲁大学法学院,他与比尔·克林顿和希拉里·克林

---

① 鲍勃(Bob)是罗伯特的昵称,指罗伯特·赖克。——译者注
② 赖克的著作《下一个美国边疆》和《国家的工作》缺乏吸引力,因为它们关注的是收入分配而不是财富创造。

顿（Hillary Clinton）也是同学。《时代》(*Time*)杂志后来评选他为历史上最有影响的十位内阁官员之一。现在，他被描述为民主党的"一人智库"。

以往，我们的每一场辩论都千篇一律，由赖克对一个固定脚本的忠诚主导。身高不到五英尺的他会大步走向讲台，然后消失在讲台后面，仿佛掉进了一个陷阱门。观众会倒吸一口气。接着，他会庄重地走开，拿来一个凳子放在讲台后面。终于，他从凳子顶部露出身影，然后宣布："在我开始写作经济学著作之前……我彼时身高六英尺。但他们把我打矮了。"赖克身材矮小是童年疾病的后果，他长期以来一直以此自嘲。在竞选马萨诸塞州州长时，他将竞选书名定为《浓缩的都是精华》(*I'll Be Short*)①。

他在辩论前的滑稽表演总能引起观众的笑声，然后他会开始谴责供给侧经济学、不平等、贪婪富有的权贵阶层以及左翼思维中的其他敌人和恐惧。如今，他的话题已经扩展到种族主义和气候变化，将它们视为美国最大的威胁。

我一生都遵循着两个原则：从不在跑步比赛中停下或步行，也从不读准备好的演讲稿。每次我都会即兴做出新的回应。我不知道我是否曾在辩论中胜过鲍勃，但那是我生命中一个有趣的阶段。

---

① 英文书名语带双关，既自嘲本人身材矮小，又表明自己的演讲内容简短有力。——译者注

至少，这就是几十年后我忆起此事的感觉。我几乎在所有事情上都与鲍勃意见不合。

因此，当我阅读他在 2020 年出版的作品《系统：谁操纵了它，我们如何修复它》(The System: Who Rigged It, How We Fix It) 时，我感到震惊，发现他的核心主题可以概括为"后资本主义生活"①。他描绘了一个世界，在这个世界里，银行家和政客、金融家和官僚都融合成一个自私的网络，企业主导竞选资金，公民被边缘化，政府强制并担保企业的结果。

我甚至同意赖克在他那个别致地命名为"财富与贫困"的流行播客中提出的一些担忧。赖克已经成为我所说的美国经济中"金融过度臃肿"的无情批评者。他认为美国的政治和经济体系正在被金融权力的行使操纵。他写道："与收入或财富不同，权力是一种零和游戏。"他重复了我在《知识与权力》一书中的话。也许他在我们的历次辩论中学到了一些东西。

银行业权力的象征就是摩根大通的首席执行官兼董事长杰米·戴蒙（Jamie Dimon）。在一次假设的对话中，赖克写道："他是全球薪酬最高的银行和金融行业首席执行官之一。他在 2018 年的薪酬总额为 3100 万美元。他报告的净资产为 16 亿美元。他认为自己的每一分钱都是应得的……2018 年，他的银行在游说方面花费了 596 万美元，使其成为美国最具影响力的大型企

---

① Robert Reich, *The System: Who Rigged It, How We Fix It* (New York: Alfred A. Knopf, 2020).

业之一。"①

赖克指责戴蒙,"你通过用钱淹没我们的体系来扩大你的政治权力,"尤其是通过游说。

游说意在保持和维护银行的特权以及对银行的保护。像摩根大通这样的银行巨头实际上已被美国联邦储备系统和美国财政部国有化,因为它们"大而不能倒"。这一立场导致华尔街金融工作者的平均年收入达到 36 万美元。正如赖克所指出的:"戴蒙说,'诋毁'自由市场资本主义下的成功人士——比如他自己——是错误的。但他对自由市场资本主义有一种奇怪的看法。这种看法似乎不包括救助银行和持续的 830 亿美元的隐藏政府保险。如果取消这种补贴,华尔街的整个奖金池连同大部分利润将一起消失……"

赖克继续说:"如今,美国经济的金融部门比以往任何时候都要庞大。美国人现在将整个经济每 12 美元中的 1 美元交给金融部门。20 世纪 50 年代,银行家只拿走了每 40 美元中的 1 美元。……金融放松监管……让银行家肆意妄为。他们仍在逃脱惩罚。"

此外,赖克表示:"金融已成为美国经济的中心……忘记传统的金融定义吧。相反,想象一个巨大的赌场,人们在其中押注大量的资金,并对这些押注进行再次押注(称为衍生品)。最大的赢家拥有比其他任何人都更好的内幕信息。"

---

① Reich, *The System*, 61.

不仅大型银行是经济中最富有和最赚钱的机构之一，而且大型制造企业的金融部门也主导着其所属企业的收入报表。美国和世界经济正遭受金融过度臃肿的困扰。在全球范围内，人们在大量投入他们的技能进行货币交易，每天接近 8 万亿美元，相当于商品和服务贸易总额的 73 倍，是全世界 GDP 的 25 倍。

所有这种货币交易取代了先前黄金的角色。在 20 世纪 30 年代大萧条期间——也是当前政权的先兆，美国在金本位制下变得不安定。1935 年，富兰克林·罗斯福（Franklin Roosevelt）总统采取"应急社会主义"行动，将美元贬值 70%（黄金从每盎司 20 美元升至每盎司 35 美元），并没收了所有私人持有的黄金，只以较低的每盎司 20 美元的价格支付。大萧条一直持续到 1944 年，当时世界主要领导人在新罕布什尔州的布雷顿森林会议上会晤，并谈判达成了一个持续了超过 1/4 世纪的经济增长和进步的黄金兑换标准。

后黄金时代开始于理查德·尼克松在 1971 年做出的决定，该决定将美元与黄金的关系彻底割裂，跨过了通往后资本主义生活的门槛。自那时起，全球货币成为一个令人困惑的复杂漩涡，被中央银行、金融巨头合作伙伴、庞大的对冲基金以及其他货币交易商操纵。

如今，回顾 20 世纪的历史，挖掘金本位废墟的想法似乎在倒退，就像回到鹅毛笔、马车、奴隶制度或贝壳货币时代一样。毕竟，约翰·梅纳德·凯恩斯（John Maynard Keynes）不是称黄金为"野蛮的遗物"吗？对于保罗·克鲁格曼来说，金本位是对"迈达斯之罪"的"神秘不可思议的"重复,即崇拜一种闪亮的金属。① 这不是一个党派问题。克鲁格曼经常引用米尔顿·弗里德曼的观点,弗里德曼早在1951年就提出废除黄金,支持货币的自由竞争浮动,并宿命般地建议尼克松这样做。

金本位已经不再是受人尊敬的思想范畴。2012年,芝加哥大学商学院与《华尔街日报》(*Wall Street Journal*)合作进行的一项两党调查显示,对金本位的**支持率为零**。43%的经济学家"不同意"回归金本位,57%的经济学家表示"强烈不同意"。这加起来是100%,即使是在那种"被确定为科学"的封闭圈子中,比如联合国气候变化会议或关于流行病恐惧的联邦文件,这种"高度一致"也可能引起嫉妒。②

我们相信,金本位的一个更好、更快、更真实的替代品是高科技的"信息标准"。如果你拥有一个以知识为财富、以学习为增长的信息经济,你就会希望有一个能够在时空中及时传递价格关键信息的货币体系。据说,没有任何一个信息系统能像可兑换货币的外汇交易系统那样全球化、迅捷和强大。

几十年前,已故的杰出银行家沃尔特·瑞斯顿(Walter

---

① 迈达斯是希腊神话中的弗里吉亚国王,贪恋财富,求神赐予点物成金的法术。酒神狄俄尼索斯满足了其愿望,最后连他的爱女和食物也都因被他手指点到而变成金子。他无法生活,后又向神祈祷,一切才恢复原状。——译者注

② Christopher Shea, "Survey: No Support for Gold Standard among Top Economists," *Wall Street Journal*, January 23, 2012, https://www.wsj.com/articles/BL-IMB-3067.

Wriston)将"国际金融市场……比作对每个国家财政和货币政策稳健性的投票……每时每刻都在世界各地的交易室中进行……这种关于货币和商品价值持续进行的直接公投方式变得（前所未有地）更加复杂……"① 如今的主要区别在于，过去的电话和电传机已被价值数万亿美元的超级计算机设备取代，这些设备通过光纤连接以光速运行。现在的系统不是以分钟为单位的，而是以微秒为单位的，它的信息收集速度快了6000万倍。

正如瑞斯顿在其1992年出版的著作《主权的黄昏》(The Twilight of Sovereignty)中所主张的那样："金本位的旧准则已被更迅捷、更严苛的信息本位新准则取代。"

货币交易业务中有3/4是即期交易和同时进行的外汇掉期交易，即一种货币与另一种货币同时进行即期和远期交易。通过同时进行现货和期货交易，所有汇率风险可以被消除。

这个系统是庞大的。每三年一次，瑞士巴塞尔的国际清算银行(BIS)会将所有数据进行"净－净"(net-net)调整，以消除经销商之间的本地和跨境转移的重复计算。根据这个谨慎的衡量标准，国际清算银行在2022年4月确认**每天约7.6万亿美元**的流动资金，即每24小时超过了美国年度GDP的1/3。与2016年每天5.1万亿美元的总额相比，这个数字增长了大约50%。② 2022年，

---

① Walter Wriston, *The Twilight of Sovereignty: How Information Technology Is Changing our World*, written with Richard Vigilante (New York: Scribners, 1992).

② Bank of International Settlements (BIS), Triennial Central Bank Survey, 2022.

全球范围内的货币交易频率超过每秒10亿美元。根据伦敦金融城的数据报告，现在每天的流动资金接近10万亿美元。

浮动汇率为企业家提供了对全球数百种不同货币相对价值的共识度量，使得可互换的资金即时可用，没有货币风险。换句话说，该系统扮演了以往金本位所扮演的角色，同时使每个国家能够遵循自己的货币政策。

这个令人惊叹的多维系统横跨全球，延至未来，使得任何公司在任何时刻都能够无风险地向其他国家的客户出售货物和服务以换取货币。它促进了世界贸易、全球化、一体化市场和跨国公司的发展，为现代世界的友好和商业提供了一个国际平台。它为服务提供商带来了利润和费用，并为使用这些服务的公司提供了商业机会。

这个浮动货币交易系统是米尔顿·弗里德曼的梦想。但它也反映了"自发秩序"的概念，这是以弗里德里希·哈耶克和路德维希·冯·米塞斯（Ludwig von Mises）为代表的奥地利经济学派的主要支柱。在世界最先进的计算机网络上，该系统连接了所有主要银行和其他金融机构的数千个外汇交易台、数千个对冲基金和专业交易商，以及数十个主要交易基金〔主要是自动化高频交易员，即所谓的"闪电男孩"（flash boys）〕。该系统吸引了那些拥有足够国际业务支持自己交易部门的跨国公司。它们都并行工作，没有中央协调，即时确定全球可兑换货币的价格。这个交易网络耸立于整个世界经济之上，是财富创造和分配、赏罚和增长机制的一部分。

还有哪些地方不令人喜欢呢？

首先，尽管旨在使货币免受市场动荡的影响，这些策略也使得套利成为可能。在规模大幅缩小但仍然庞大的交易量中，每周有数万亿纯远期的货币买卖、衍生货币互换和外汇期权交易，金融家们采用越来越巧妙的技术来利用价格的剧烈波动。这些巨大套利机会的存在实际上证明了系统的低效性。尽管套利者通过平衡价格来恢复效率，但他们获得的利润是对企业的一种税收。

众所周知，经济学基础课程对套利的解释是，黄金在伦敦的售价比纽约高10美分，直到交易商通过卖出伦敦黄金并购买纽约黄金来弥合差距。然后，所有的教科书都会说，这种情况当然不会发生，因为套利者会在机会萌芽之前将其扼杀。

没有人可以这样说货币市场。

在西方国家，有10家银行巨头占据了77%的业务份额。每家参与国际贸易的公司都必须向这些精英国际银行中介支付一定的费用。银行家们对此乐此不疲。货币交易和对冲已成为银行巨头交易量的主要来源，这也是利润的重要但规模较小的来源。尽管2008年世界经济陷入困境，但仅10家银行就创造了210亿美元的货币交易利润。

货币交易也是银行的主要扩展领域之一。通过与各大跨国公司合作，参与国际业务，最大的那些银行获得了另一种利润和权力来源。这些费用是全球贸易和经济增长的负担，由经济的生产部门向金融部门支付。

考虑到套利税、费用以及系统本身的巨大成本，尤其是在人力资本方面，我们为老式的旧金本位所能自动完成的事情付出了巨大代价。

西方国家完全主导着这个体系。在外汇交易中，美国和欧洲各国处于前沿地位，仅英国伦敦的金融城就占据了全部交易的36%。目前，仍有87%的交易涉及美元，其中全部国际贸易的63%以美元结算，而美元也占据了全球中央银行储备货币的一半以上。①

西方国家是否从它们的货币和经济的波动中受益呢？贸易增长最为强劲的地区是亚洲，主要是以中国及其周边地区和印度为首的新兴市场。然而，中国大陆、中国香港、中国台湾和新加坡在很大程度上都选择了退出浮动汇率制度，它们是近几十年来全球贸易扩张的先锋。尽管西方国家痛苦地表示抗议，它们还是尽可能地将自己的货币与美元挂钩，并对资本流动实施一些控制。除了亚洲新兴市场之外，世界贸易和世界GDP的增长都相对缓慢。

金融服务业的终极考验，在于它如何影响其他经济领域。但货币交易的增长速度至少比衡量的生产力增长速度快20倍。

根据赖克的观点，对于这种过度现象的解决办法是严格而无情的监管。然而，银行和其他金融机构已经受到严格的监管，拥有美国政府担保、中央银行贴现窗口的廉价渠道、联邦存款保险和有限责任，而恰恰是它们推动了货币交易和信贷失控。正是政

---

① BIS, Triennial Central Bank Survey, 2022.

府的监管推动银行进入房地产市场：以接近零利率进行贷款；由房利美、房地美和联邦住房管理局进行担保；由联邦存款保险公司进行保险；由"红线"和信贷纪律加以禁止；对按揭利息抵免税收，以及对家庭住房豁免 50 万美元的资本利得税。这些规定吹大了房地产泡沫，引发了 2008 年的金融危机。随后的《多德-弗兰克法案》（Dodd-Frank Act）旨在解决危机，但实际上将政府监管和慷慨援助的最大受益者定为"大而不能倒"的受保护物种。

货币交易的过度臃肿只是美国经济"金融化"的一种表现。随着西方经济中的大部分利润（可能还在增加）向政府支持的金融家中的一小部分精英倾斜，流向企业的收入减少了。在过去十年中，金融已经成为政府和银行之间的一种协议，专注于美国最不成功的部门。正如埃里克·詹森（Eric Janszen）在《后灾难经济》（The Postcatastrophe Economy）一书中所指出的那样："金融渗透到美国商业和经济生活的方方面面……改变了消费者购买汽车的方式和美国汽车制造商经营业务的方式，改变了学生支付学费和大学筹资的方式，改变了住房融资和消费品获取的方式。简而言之，信贷成为美国最大的业务……整个经济体系被一种根深蒂固的幻想黏合：金融可以替代生产，信贷可以替代真正的储蓄……（但是）政府无法印刷财富或购买力，这些必须通过努力获得。"①

---

① Eric Janszen, *The Postcatastrophe Economy: Rebuilding America and Avoiding the Next Bubble* (New York: Portfolio Penguin, 2010).

这个规模庞大、花费巨大、充满投机的全球货币公投的结果，远不如黄金这个衡量标准可靠。该系统仅提供浮动货币之间**相对**价值的估计。在这个信息的微秒引擎中，没有锚点，没有固定汇率，没有坐标（grid），没有标准，没有度量单位，没有平价价值。如果货币只以其他货币为价值参照，那就无法证明整个系统是否以有益的方式运作。全球经济的低迷表明它并非以有益的方式运作。几乎没有理由期望自我指涉的全球货币市场会朝着正确估计事物价值的方向发展。

对货币交易系统的一个考验是波动性。货币是否多多少少比企业和产品、商品和经济、支付和投资更摇摆不定？答案是显而易见的。货币的涨跌远比其背后的经济波动更为频繁和激烈。

例如，自1990年以来，日元兑美元的汇率波动远比日本和美国经济的起伏大得多。货币交易商每天交换数万亿日元，汇率像跳蚤一样上下起伏。

1990年，日元兑美元从140跌至160，然后飙升至120。[①] 接下来的一年，它再次下跌至140，然后在一系列的跳跃和摆动中，在1995年飙升至80。到1998年，它下降至150，但在2000年初又回升至100左右，并伴随着许多颠簸。到了2002年，日元兑美元跌至135，而在2004年，经历了许多波折后，略高于100。如此往复，最终日元兑美元在2012年回升至80。三年后，日元兑美

---

① 作者按照习惯上的美元兑日元的汇率数值表示日元的升值或贬值。这个数值高，表明日元贬值；这个数值低，表明日元升值。——译者注

元又回到了100。到2022年，它再次下跌至115。

这种不负责任的衡量标准的混乱给以两种货币计价的证券交易提供了无尽的机会。金融出版物上充斥着对有利可图的"套利交易"的描述，银行家们从这种非理性的货币波动以及对相对利率和债券价格的影响中获利。

国际货币交易系统是尼克松将我们带离金本位后的替代方案。正如斯坦福经济学家罗纳德·麦金农（Ronald McKinnon）在1979年所写的："世界货币体系并不容易理解……1914年以前的金本位很简单，因为国内和国际的支付手段是一样的。"①

世人皆知黄金的所谓缺陷。浮动汇率的缺陷则是根本性的。一个测量工具不能成为其所测量的一部分。结果就是，货币的波动性远远超过了它们所衡量的经济活动。浮动汇率削弱了货币作为度量标准的功能。货币价格不能反映任何合理的估值基础。但是，它们可以被政治家操纵，通过将金融政治化，加剧资本在金融和商业公司以及政治受惠者与弱势群体之间分配不均衡的问题。

政治家并不是唯一的操纵者。货币交易是金融掠夺者的游乐场。由于特定金融家和银行控制的资产远远超过即使是规模庞大的国家经济，入侵者可以通过"热钱"扰乱国家财政，赚取一大笔财富，然后离开。乔治·索罗斯（George Soros）就是一个典

---

① Ronald McKinnon, *Money in International Exchange: The Convertible Currency System* (New York: Oxford University Press, 1979).

型的例子,他通过对英国、印度尼西亚和泰国的货币进行投机活动积累了巨额财富。

货币交易将收入和财富集中在西方经济体中与政府相关的金融部门,导致分配不公,引发嫉妒和怨恨,削弱了资本主义的动力。

银行家沃尔特·瑞斯顿和经济学家米尔顿·弗里德曼是伟大的人物,都适合寻求信息经济中的信息标准。然而,他们未能考虑到信息理论中最基本的规则。正因为信息是意外的,我们传达这种意外的渠道本身必须是不足为奇的。我们需要一个低熵的载体来承载高熵的内容。如果渠道充满噪声(因为噪声是随机的,所以总是令人意外的),信号就变得无法区分。

浮动汇率创造了一个本质上嘈杂的渠道。货币交易所耗费的能量起初是为了纠正噪声,最终却成为利用噪声的手段。这方面惊人的增长是该手段变得多么有利可图的一个衡量标准。

然而,最糟糕的结果并不是寻租、腐败和由来已久的不诚实通货等问题,而是由政府对货币的控制和对其真实本质的混淆带来的权力巨大转移,权力从生产性公民、创新者和企业家手中转到了政治家、银行家和官僚手中。这就是后资本主义生活的本质。

在新冠疫情期间,特朗普政府、拜登政府与美国国会合作,下令数千万美国人停止或大幅减少生产活动。这只有在美国国会能够创造借口并由美联储协助分发接近 10 万亿美元给突然变得无生产力的工人和企业时,才在政治上成为可能。但与生产无关的货币是没有价值的。当美国人在一段时间后试图花掉这些钱时，他们发现其价值在生产不足、供应链扭曲和对能源生产的自杀性限制面前大幅缩水。

低效无能，摧毁就业和企业，以及逐渐远离现实，之所以能够实现，都是因为美国政府内在地相信货币是权力而非生产力的产物。美国政府有能力随意发行他们称之为货币的美元，这种付钱给不事生产者的荒谬行为只有政府才能实现，而这些美元与通常由货币衡量的生产活动完全脱节，货币的膨胀发行只会加剧这种脱节。

这种行为，是由对货币本质和价值来源的盲目误解造成的。现在我们必须转向这些问题。

第十一章

银行家的困境

创造流动性（从高熵的投资中赚取零熵的货币）是金融中介的工作。银行的产品和利润来源是债务。这些并非像许多对部分准备金银行持批评态度的人所认为的那样，是凭空创造出来的。它们提供的每一笔贷款背后都有对某种基于知识的资产的留置权。

通过保证债务的价值，银行消除了信息。没有意外是现金的本质特征，也是流动性的本质。另外，投资的本质特征是正面意外的承诺和负面损失的可能性。任何投资过程的关键都是**时间**带来的非流动性。

货币创造的每个步骤，都会忽略一些关于潜在风险的信息，并消除一些熵。零熵货币就是现金，不需要额外的转换、交易或调查就可以使用。有了无意外的货币，一个经济体就可以每天支持数十亿次交易，企业家就可以提前多年进行计划。通过减少有关投资风险的详细信息，银行增加了流动性。

银行将充满黏性和摩擦的高熵信息的抵押贷款或其他长期贷款转化为流动性极高且没有信息的货币,可以用于购物中心、加油站、非法保姆服务或 PayPal。银行通过消除债务的熵来产生短期流动性。企业家通过向投资注入高熵知识来产生长期利润。

透明的货币是一个自相矛盾的词。需求侧,即货币方面,几乎没有信息;而供给侧则充满了信息。真正的投资是长期的、具体的和高熵的,与短期和理想情况下零熵的流动性需求不可避免地会发生冲突。

人们想要"通货"(这个词源于拉丁语"currens",意为奔跑),现在就想用它来买汉堡、大杯拿铁咖啡、苹果手机、宽带、汽油、汽车或房子。他们想要的是来自他们的银行存款、支票或信用卡的流动性。与此同时,汉堡店、星巴克、苹果手机店、埃克森加油站、福特工厂或建筑公司的运营,依赖于大部分不流动且迂回的供应链和耐心资本(patient capital)①。银行以大理石般的冷静方式在流动存款和不流动投资之间充当中介。

货币的价值完全取决于供给侧的生产活动。通过时间价格来衡量,商品和服务的供给在时间上创造了所有即时需求。虽然购买某物可能只需要几分钟的时间,但投入资本和培养技能以生产和销售商品、服务需要数年甚至数十年的时间。生产企业的资本被投入水泥、钢铁、硅、化学系统、光刻设备、光纤线路、房地

---

① 耐心资本是指投资者愿意在较长时间内等待投资回报的资本,通常用于支持初创企业或者需要长期投资的项目。——译者注

产、航空货运以及全球范围内昂贵培训的工程师和高管身上。

所有银行都是信托公司。金融恐慌反映了短期流动负债与支持它们的长期资产之间信任桥梁的崩溃。在经典电影《生活多美好》(It's a Wonderful Life)中,乔治·贝利(George Bailey)面临着银行挤兑,他告诉贝利建筑及贷款公司(Bailey Building and Loan)的一位想提取所有现金的存款人说:

> 你对这个地方的想法完全错了。好像我把钱放在保险箱里一样。钱不在这里。你的钱在乔的房子上……就在你的旁边。你的钱还在肯尼迪的房子上、麦克林夫人的房子上,以及其他100个房子上。你是借给他们钱来建房子,然后他们会尽力还给你。那你打算怎么办?取消他们的抵押品赎回权吗?

无论是发达国家还是发展中国家,经济发展的核心都在于消除信息来创造交易媒介,以及将信息融入投资项目,从而创造知识和财富。

经济上的零熵货币与高熵投资之间的两极分化,是推动增长的电源。当大部分投资变得低熵(一成不变的大公司商品和政府担保的项目)时,经济停滞不前,陷入僵化状态。当货币变得高熵,充满由中央银行任意操纵引起的贬值和流动性不足的意外时,经济将面临失败。公共债务不断膨胀,吸收并束缚了其他所有融资手段。当债务膨胀到能够支配系统,且政治家试图保证其

136　安全时，货币将失去信息内容并使企业不知所措。在后资本主义生活的反面乌托邦版本中，政府开始保证一切，包括抵押贷款、存款、养老金、医疗保健、工业集团、银行巨头、太阳能发电厂、小企业贷款、滨水地产、玉米价格、大学学费、风车、厨房水槽，也就是**除了**政府货币的价值**以外**的一切，这是自亚历山大·汉密尔顿（Alexander Hamilton）时代以来政府的真正工作。

　　1988年初，在加图研究所的支持下，我与当时已是诺贝尔经济学奖得主和世界货币理论权威的弗里德曼一同访问了中国。尽管他在大多数问题上是自由主义者，但他认为中央银行货币政策是经济发展的关键。当时，中国经济即将迎来高速增长，但同时也面临着通货膨胀加剧的困扰。弗里德曼的口头禅"通货膨胀无论何时何地都是一个货币问题"似乎很应景。危机虽然很严重，但可以通过更好地控制货币供应量解决。弗里德曼告诉中国人："首先，控制好你们的货币供应。"

　　虽然米尔顿·弗里德曼已经去世，但他依旧凭借《资本主义与自由》（Capitalism and Freedom）和《自由选择》（Free to Choose）等经典著作中的观点屡屡获胜。然而，在货币问题上，他的观点已被证明是错误的。货币的信息理论解释了这一点。

　　国家对货币的控制意味着政府对经济的集中化。通过控制货币供应，中央银行及其政治盟友可以决定谁能获得货币，从而决定谁能掌握政治和经济权力。毫不奇怪，这些机构支持既得的经济利益和政治利益。结果就是新的、无可挑战的财富集中。在政府监管并依赖的网络的加持下，这种经济和政治力量的结合是世界经济停滞的主要原因。

自 2008 年金融危机以来，美国政府一直利用货币政策将华尔街银行国有化。政府将投资从积累财富的企业家学习转移到货币操纵、政府债务中的"ESG"（环境绩效、社会责任、公司治理）、"投资"和"衍生品"上。一度伟大的华尔街银行反过来又资助它们在华盛顿的支持者的政治竞选活动。如果弗里德曼还活着，看到其货币主义的成果，那么他应该不会认领。驳斥弗里德曼这个罕见的错误，对于拯救他无畏地捍卫的自由至关重要。

总结货币主义的经典方程式是 $MV=PT$，这个方程式仍然可以在我偶尔还穿的已经逐渐褪色的米尔顿·弗里德曼 T 恤上看到。MV 代表总产出，即货币供应量乘以货币流通速度或周转率。PT 代表价格乘以交易量，或名义 GDP。货币供应量是"购买媒介"，即流动资金。一美元在规定的时间内被花费的次数代表其速度。所有的货币周转维持着 GDP，或者更准确地说是马克·斯考森（Mark Skousen）对整个经济中所有支出进行价值衡量的总产出（GO，包括对资本品和商品的中间支出，而不仅仅是 GDP 中包括的最终销售）。在斯考森更广泛的总产出衡量中，消费从经济的 70% 减少到 40% 以下。[①]

弗里德曼及其众多门徒相信，在方程式 $MV=PT$ 中，支配因素是 M，即货币供应量。只要控制货币供应量，你就拥有了一个

---

① Mark Skousen, *The Making of Modern Economics* (New York: Routledge, 2022).

可以将整个经济朝着期望方向推动的杠杆。你可以将名义GDP或实际GDP维持在期望的增长率上。因此,弗里德曼对中国领导人的建议是:"控制好你们的货币供应。"

弗里德曼的货币主义理论解释了美联储理事会的职责:不仅要在危机中充当"最后贷款人",还要对抗通货膨胀并促进充分就业。根据这一理论,通过操纵货币,中央银行家们既决定了物价水平(通货膨胀),又影响了就业水平,至少还影响了名义增长。因此,货币主义意味着即使在自由市场经济中,中央银行也是必须保持自上而下控制的唯一机构。

由于每一种货币都有一个中央银行,主导的货币主义使得每个国家或地区都能实施不同的货币政策。这个系统将各国或各地经济分离开来,支持各种货币之间的浮动,它们的价值通过全球货币交易市场得以调和。因此,全球货币是由货币交易商以铸币税(历史上铸币厂所收取的佣金)的一种奇特新形式进行"铸造"的。货币成为一个自我指认的系统,最终由发行货币的主权国家控制。主权货币在全球市场上相互竞争。通过主张政府控制货币供应,即赋予各国政府权力,对建设基础设施和国防提供资金、提供就业、促进创新以及降低物价,货币主义和凯恩斯主义一样,不仅鼓励而且几乎要求政府对货币实行垄断。

然而,要让 M 起作用,货币必须按照一种非弹性元素来进行扩张或紧缩。货币流通速度(或货币周转)必须相对稳定,不受 M 变化的影响。也就是说,人们必须以相对均匀和可预测的速度花费他们的货币,无论货币供应如何,银行都必须根据中央银行提供的货币进行贷款，而不是根据拥有金点子的企业家的需求。否则，人们（包括银行家）可以通过改变他们花费或投资美元的速度来抵消任何给定的货币政策。变量 M 只在 V 多多少少是一个常数的情况下才能控制 PT。

弗里德曼提出了一个精明而合理的解释，说明为什么货币流通速度每年基本保持在大约 1.7。货币流通速度这个因素是外生的：它反映的不是政策，而是根深蒂固的人类心理倾向。正如他获奖的"永久收入假设"解释的那样："流动性偏好"（对现金的渴望）及其所谓的相反的那一面，即储蓄率，取决于终身储蓄和收入目标。你会一直储蓄直到达到目标，然后开始消费。在年轻时，你倾向于储蓄；在老年时，你倾向于消费。储蓄不是由可得到的盈利投资机会、利率或税率的变化、令人兴奋的新消费品以及吸引人的储蓄工具决定的，而是由人类固有的心理决定的。

弗里德曼对货币流通速度的社会学解释将其置于经济政策之外。在速度固定且外生的情况下，货币供应量占主导地位。因此，尽管弗里德曼持有自由主义观点并对政府权力进行了批评，但他最终促使联邦政府控制货币，使其作为专家调控和稳定经济的工具。作为顶级专家，弗里德曼建议将货币供应量以 3% 的年增长率自动维持。

像保罗·克鲁格曼这样的自由派经济学家和约翰·泰勒（John Taylor）这样的保守派经济学家，都热切地接受了货币主义信条的含义。但经验表明，货币流通速度绝非恒定不变。在 21 世纪的大部分时间里，货币流通速度这一年跌到像石头一样静止,下一年又像火箭一样飙升。货币乘数是一个衡量美联储基础货币或"高能货币"支持多少经济活动的速度助推器,其数值在3.1至12之间摇摆。在2007—2008年金融危机之后的几年里,美国基础货币从8000亿美元增长到4万亿美元,但货币流通速度暴跌。在日本,货币流通速度在20年间一直下降,而在20世纪80年代曾飙升。在美国,正如中国香港龙洲经讯(Gavekal)经济研究所的路易斯·加夫(Louis Gave)所断言的那样:"货币流通速度波动得非常厉害,无法预测。"

1996年,在向法国议会谈及自由市场经济学家雅克·吕夫(Jacques Rueff)时,金本位的倡导者刘易斯·莱尔曼(Lewis Lehrman)解释道:"雅克·吕夫作为一名中央银行家的全部经历告诉他……没有任何中央银行,能够决定银行储备的数量或流通中的货币数量,即使是强大的美联储也不能。在一个自由社会中,只有货币使用者——市场中的消费者和生产者,才能决定他们希望持有的货币数量,或者改变他们希望保留的货币和银行存款的数量。"

如果货币流通速度没有固定的倾向,那么消费者、投资者和借款人可以通过改变他们花费或投资美元的速度来抵消任何给定的货币政策。在最近几十年中,他们总是通过几乎相等且相反的交易变动来中和货币供应的每一次变化。现在,他们可能正在通过新的速度激增,突然花费在新冠病毒大流行期间贮藏的资金,从而推动"通货膨胀"。在2003年的一次采访中,也就是米尔顿·弗里德曼去世三年前,他终于承认:"将货币数量作为目标并不成功。我不确定我是否会像以前那样坚决地推动它。"

货币流通速度不受经济之外的心理力量的影响。这一速度表达了公众对经济机会和机会成本的评估。当投资者投入实际的公司，表示机会和进步的学习曲线上升时，货币流通速度就会加快。当人们将资金转移到商品和现有资产时，货币流通速度就会减慢。在这两种情况下，中央银行并不控制货币。我们人民控制货币并使用货币，来尽力抵制政府货币的操纵和干扰，正如哈耶克所说，政府货币是"所有货币邪恶的根源和源泉"。

如果我们最终控制货币，货币就不需要在每个国家或地区都有一个主权来源。它的来源可以存在于政治体系之外。它不需要中央银行的管理。世界各国或各地的货币就不必分离并被允许相互浮动。

正如一段几乎被遗忘的历史教导的那样，有可能在一个稳定的货币本位下进行数个世纪的贸易扩张，这种货币体系奖励努力工作、储蓄和企业精神，而不是奖励政治和权力。在一个稳定的货币本位下，贸易几乎从不平衡，但几乎总是增长。

所需的改革涉及将货币视为信息而非权力。虽然政府权力可以增加货币的**数量**，但只会贬低货币的**价值**。在大约30年前与弗里德曼一起前往中国时，我开始意识到这些问题。

当时，日本正在以全球人均最大货币供应量蓬勃发展。这种模式与弗里德曼的模型相符吗？当弗里德曼向中国领导人提出"控制好货币供应"的建议时，我告诉中国媒体，需要的不是对货币的控制，而是对企业解除控制。我提出"让十亿朵花齐放"(Let a billion flowers bloom)。① 有人问我，1997年中国香港会发生什么。我说："1997年是香港与内地开始融合的一年。"在某种程度上，我相信这在20世纪90年代已经发生了，当时中国领导人在中国沿海从深圳到上海创建了几个以香港为模板的"特区"②。

中国很快开始了世界上最为强劲的财富创造浪潮，而其货币政策并没有明显变化。我从已故的斯坦福大学经济学家罗纳德·麦金农那里学到了"金融发展"的力量。③ 创办银行和其他金融机构的创业活动至关重要。但中国从未采纳弗里德曼的货币主义或浮动汇率制度。中国将人民币与美元挂钩——让美国的货币主义者感到不满，并选择了弗里德曼的智力对手、诺贝尔经济学奖得主罗伯特·蒙代尔（Robert Mundell）作为其最喜爱的经济学家。供给侧经济学家和金本位崇拜者蒙代尔坚持固定汇率制度。中国将北京的顶尖民办金融学院命名为"蒙代尔企业家研修学院"（Mundell International University of Entrepreneurship），蒙代尔还成为中国30所学校的"名誉教授"。

---

① George Gilder, "Let a Billion Flowers Bloom" in *Toward Liberty: The Idea That Is Changing the World*, ed. David Boaz (Washington, D.C.: Cato Institute Press, 2002), 转自1988年随米尔顿·弗里德曼访问时所做的演讲。

② 这里指深圳、珠海、汕头、厦门和海南经济特区及上海浦东等国家级新区。——译者注

③ Ronald I. McKinnon, *Money and Capital in Economic Development* (Washington, D.C.: Brookings Institution Press, 1973).

货币主义（货币的价值主要取决于其稀缺性的观念）正逐渐被拒绝，然而货币神秘主义（货币供应是经济表现的关键驱动因素，而不仅仅是其衡量标准的观念）仍然在破坏经济思维。整个货币理论都受到了"唯物主义迷信"的潜在感染，即货币是一种东西，一种物质元素，一种**商品**。这个错误在所有经济学中都是根本性的，从亚当·斯密和大卫·李嘉图到奥地利经济学派的"边际革命"，再到弗里德曼主导的"货币主义"，甚至到现代货币理论的胡言乱语。它将一种本质上是信息功能的东西暗示为"唯物主义迷信"。在摆脱这种唯物主义的表现之前，我们无法创造出适合信息经济的货币。

第 十 二 章

货币是一种商品吗?

也许比相信货币的价值取决于其数量更具诱惑力的是，货币被认为是因其特性而受到重视的，就像土地、牲畜、奴隶或贝壳等曾经被用作货币一样，它们因有用的特性而具有价值。货币专家们几乎都陷入了一个诱人而简单的、具有误导性的谬论：货币在某种程度上是一种**商品**。货币是一种有形的东西，因为其物理特性和稀缺性而具有价值。

就像洛克（Locke）或霍布斯（Hobbes）的契约论一样，这个理论声称自己根植于"历史"。人们开始交换物品，并陷入了棘手的、不对称的物物交换中。他们试图用这个东西和那个东西来交换所需的任何东西，在达到必要的需求巧合时遇到了无法解决的挫折。[默里·罗斯巴德（Murray Rothbard）想要一份热的熏牛肉三明治，但是这位熟食店老板想听一段关于部分准备金银行业无用的演讲片段吗？]

按照这种理论，历史上，商人们不断尝试各种可交易的商品，以找到一个足够可替代的商品来维持贸易。在放弃鹿皮、小麦和牛等过于特定和笨重的商品后，他们转向了小玩意和饰品。无论他们从哪里开始，最终通常都会将白银和黄金作为货币。这些金属是珍贵的、可分割的、便携的，而且很难伪造。终于找到了它们！18世纪初，当物理学家牛顿担任英国造币厂厂长时，黄金最终胜过了白银。多少个世纪以来，黄金显然承担了全球货币的职能。

弗里德里希·哈耶克相信这个商品故事。其他经济学家也同意这个观点，包括卡尔·门格尔、路德维希·冯·米塞斯、米尔顿·弗里德曼、保罗·萨缪尔森、保罗·克鲁格曼以及几乎所有你能想到的经济学家。约翰·斯蒂尔·戈登（John Steele Gordon）是一位杰出的历史学家，也是《财富帝国》（*Empire of Wealth*）的作者，以清晰、明了的方式阐述了这个共识：

> 货币只是另一种商品，与石油、猪肉或生铁没有什么不同。因此，货币像其他所有商品一样，其价格既可以上涨也可以下跌。但由于货币的定义是被普遍接受用于交换其他商品的唯一商品，我们对货币价格下跌有一个特殊的术语，即通货膨胀。随着货币价格的下跌，其他所有商品的价格必然上涨。

戈登问道："是什么导致货币价格下降？答案很简单，相对于其他商品和服务，货币供应增加。"然后，他引用了弗里德曼的招牌式名言:"通货膨胀无论何时何地都是一种货币现象……只有货币数量增长速度超过产出增长速度,才能产生通货膨胀。"①

货币之所以有价值,是因为它本质上就是珠宝。这是主流专家们通过种种错综复杂的方式得出的结论:人类学的证明,对诸如调停、婚姻和继承等重要生活事件的作用,来自监狱牢房和遥远太平洋岛屿的逸事,从印第安人手中以小古玩和饰品购买曼哈顿的历史资料,以及货币供求的统计花招和戏法。

最成功的货币毕竟是黄金和白银,它们都有一种漂亮的光泽,装饰着颈项、手腕和手指。作为珠宝的价值让金币的使用者放心,黄金即使失去了作为货币的地位,至少作为镀金或装饰材料,仍然保持着金属的价值。根据专家的说法,这种保留的商品性回报就是使黄金在历史上成为货币典范的原因。从许多方面来看,黄金的金钱属性仍然远远优于政府法定货币,后者的流行仅仅依靠政府的权力和高科技货币交易的发明,以每天交易额达到8万亿美元来确定价值。

据说,黄金之所以成为货币,是因为它像珠宝一样,能够随着时间和空间的变化而保持其价值。在1971年尼克松放弃金本位前,黄金统一了跨国市场。从沉船中挖掘出来的黄金,跨越了几个世纪传递着价值。正如斯坦福大学的罗纳德·麦金农所说:

---

① John Steele Gordon, "Inflation in the United States," *Imprimis* 51, No. 1 (January 2022), https://imprimis.hillsdale.edu/inflation-united-states/.

"在金本位下，国内和国际的计价单位是一样的。"① 黄金是一种全球商品。

正是我的编辑和对冲基金元老理查德·维吉兰特，颠覆了这种专横的商品主义共识："不，货币并非因为它是珠宝而受到重视。珠宝之所以受到重视，是因为它实际上就是货币。"

这个洞察力立刻说服了我，因为我想到了欧洲难民在逃离战争和毁灭、暴乱和恐慌时带着他们的"贵重物品"，也就是他们的珠宝。盖尔·普利给我的经验证据也说服了我，这是一份来自沙特阿拉伯利雅得的报告，他曾于20世纪90年代在那里任教。

沙特人喜欢黄金首饰，他们的首都利雅得有几个供应市场。其中最大的一个位于阿尔萨法特广场旁边，也被称为迪拉广场或正义广场。这是地球上最后进行公开处决的地方之一，当地人称之为"斩剁广场"（Chop-Chop Square）。

星期五下午，在大清真寺的礼拜聚会之后，警察和其他官员会清理现场，为截肢手术腾出空间。将你的金店设在"斩剁"砧板（无论对象是头颅还是手部）的阴影下，合乎情理地降低了安全成本，并为经济学激励学派提供了证据。

问题是，商店里那些漂亮的金制品之所以具有价值，是因为它们主要被视为珠宝还是作为便携货币？

广场上有几十家小型零售店，它们作为黄金珠宝的买家和卖

---

① Ronald I. McKinnon, *Money and Capital in Economic Development* (Washington, D.C.: Brookings Institution Press, 1973).

家，醒目地标示着买入价和卖出价。价格均根据克拉等级以"里亚尔/克"为单位。黄金的品质通常在18K到24K之间。买入价和卖出价之间通常有5%的差价。每个柜台上都有秤，但是一些顾客会带自己的秤来确认重量。

结论很明确。黄金首饰一直被视为货币，因为它的基本价值在于黄金本身，而设计只是暂时增加一些溢价。将黄金制成首饰让拥有者能够展示自己的财富，从而获得满足感。但在下一次交易中，当首饰被转售时，黄金将恢复其本来的价值，通常失去了作为艺术品的价值。下一个首饰拥有者只会按重量支付黄金价值。在这些市场上，你可以找到各种优雅的首饰。但要想确定确切的价格，你只需将其放在秤上即可。设计的溢价已经消失，只剩下黄金的克数，按照公告的黄金价格计算。人类若干世纪以来开采的所有18万吨黄金依然存在。黄金经久耐用。

尽管具有常识上的吸引力，但将货币视为商品是有害的误导。它传达了这样一个观念，即货币可以通过命令创造出来。但经过思考，至少如果货币要有价值的话，这种观念显然不正确。相反，货币是创新的副产品和衡量标准，是创造力和新知识的证明。将货币视为商品的观念，促使了致命的迈达斯谬误，即黄金本身就是财富，而不是财富的衡量标准。它助长了诱人的斯克鲁奇（Scrooge）[①]谬误，即货币导致贪婪并对其进行赞美。它推崇

[①] 斯克鲁奇是查尔斯·狄更斯所写《圣诞颂歌》一书中的角色，是吝啬鬼、守财奴的代称。——译者注

了一种普遍的信念，即通过增加货币单位可增加财富。它暗示，虚构的"货币供应"遵循萨伊定律并创造自身需求，即货币是统一的政府权力的产物，而不是分散的企业家知识的产物。

货币作为一种商品，鼓励了全球对统计不平等的痴迷，仿佛拥有巨额财富的人可以将货币重新分配给他人，而不会最终破坏其价值，甚至可能会破坏接受者的美德和知识。它培养了一种观念，即你可以"获取"财富，而不是创造财富，也就是说，货币不是学习、赚取知识的过程的一部分，而是一种"印刷""发行""供应"或强制控制财富单位的功能。它宣扬了"货币供应"的神话。它暗示了货币可以不经过投资而积累，或者可以被生产出来，而且仍然是一个有用的价值衡量标准，既不需要创新和发明，也不需要学习和新知识的创造性应用。

货币是一个哥德尔逻辑系统，反映了库尔特·哥德尔的"不完全性证明"。哥德尔在1930年的加里宁格勒会议上发表演讲，作为一个24岁的研究生，证明了所有逻辑系统都依赖于无法在系统内部证明的公理。幸运的是，对于可能忽视哥德尔的世界来说，约翰·冯·诺依曼也在会议上，他是不容忽视的。

正如冯·诺依曼所预见的那样，哥德尔的证明依赖于自身发明的一种数学"机器"，该机器使用数字来编码和证明同样用数字表示的算法。这一发明被冯·诺依曼和艾伦·图灵吸收，为计算机科学和信息理论奠定了基础。

正如图灵所展示的那样，所有这些系统都需要一个外部的"神谕"。程序员成为使计算机能够运行的解释的基本来源。图灵还宣称维尔纳·海森堡（Werner Heisenberg）的不确定性原理（广义上认为，根据我们对量子物理学的理解，测量总是不可避免地不精确）是哥德尔证明的延伸。图灵将这种不可避免的不精确视为唯物主义中所有自指循环的结果。物理实验室的测量设备通过原子、电子和光子来测量原子、电子和光子。结果永远不可能完全精确。

同样，我们不能最终通过由商品评估的商品来衡量商品。如果货币是一种商品，它就不可能同时成为可信的衡量标准或可靠的计量单位。

作为逻辑和信息的复杂表达，货币代表了信息论的明显边界。作为一个逻辑方案，它必须有一个超越自身的公理基础。它不可能作为琐碎的同义反复而繁荣，这种同义反复要求的价值源于它所购买的东西，由这种东西来估价。这种观念的货币总是以崩溃或通货膨胀的狂欢结束。

所有商品在理论上都可以相对其他商品被评估价值，从而在循环交换中互相交换。货币则不同。货币的设立并非为了完善物物交换，而是为了超越它。超越物物交换需要一种**不是**商品的东西。正如图灵对计算机系统所证明的那样，它需要一个外部的神谕，或者像哥德尔对所有逻辑系统所证明的那样，需要一个超越自身的公理。货币不能是商品，因为它必须是神谕的。

然而，神谕并不是任意的。正如哥德尔所指出的，算术是神谕的，因为算术不能在没有公理的情况下推导出来。但是，如果神谕始于宣布公理"1+1=1+1+1"，那么没有人会采用这一功能失调的系统。即使是一种法定货币，尽管它可能很脆弱，但也有其客观价值：神谕会接受它作为纳税的支付方式。

这里，我们可以再次以被称为国际单位制的世界测量系统做类比。它是神谕的，也就是说，它的功能是因为每个人都同意神谕的宣告。但它并非任意的。任何人都可以通过原子钟复制国际单位制的测量结果，因为其中六个标准是以时间为基础的。例如，**米**可能看起来是空间的度量，但国际单位制将其根源于真空中光在一秒钟（基态铯原子的 9 千兆赫辐射）的极小部分内所行进的距离。国际单位制表中唯一的例外也符合这个规律。每**摩尔**的分子质量通过阿伏伽德罗常数进行计算，没有直接涉及时间。但正如爱因斯坦所告诉我们的那样，质量，就像能量一样，也是以光速的反应时间来表达的。

你可以去法国塞夫尔验证你的米尺，但如果有设备的话，那么你也可以在家里进行。这个神谕是可信的，因为测量尺度是可复制的。

要作为一个衡量标准，货币必须具有持久的物理标准，就像国际单位制那样。如果没有这个持久的标准，货币就会变成一种商品，只适用于物物交换，其价格会相对于其他所有商品变动。

就黄金而言，经济学家们会感到困惑，因为黄金在珠宝、装饰品甚至电子产品方面的用途是如此明显，以致它看起来像一种商品。与此同时，确立黄金作为衡量标准的真正物理标准是不明显的，令人难以置信的是，它与国际单位制的标准非常类似，因为它也以时间为基础。

值得注意的是，多开采一块黄金所需的时间变化非常缓慢。正如祖德·万尼斯基（Jude Wanniski）在1979年出版的《世界运行的方式》(The Way the World Works)中所指出的那样，黄金抵消了资本和技术的进步，因为在任何给定的时间里，地球上剩下的黄金比过去几千年、几百年或几十年开采出来的黄金更难找到和提取。①

现代的矿工使用了价值数千万美元的设备，每年提取的黄金比任何一个老探矿者用盘子提取的都要多。机器增加了人工时间。多亏了这些机器，如今地表上2/3的黄金是1950年以来提取出来的。然而，随着时间的推移，地球中剩下的黄金变得更加难以寻觅，导致金矿开采的利润空间很小，进程缓慢。

年复一年，从地球上获取的黄金数量既不会增长，也不会缩小。它的变化远不如法定货币那样剧烈。黄金供应的图表与货币供应的过山车图表完全不同。目前，地球上已经存在20.6万吨黄金（几乎是人类历史上开采的全部黄金），矿工们每年增加约3000吨黄金，使黄金总储量每年增长约1.5%。这远远低于全球GDP或总产出的增长。

随着分母的增大，那1.5%的增量可能会缩小。如今，世界正在开采矿渣堆，并考虑从海洋和外太空中提取黄金。

黄金作为成功的衡量标准的原因，在于其稀缺性根植于提取所需的时间，这个时间并没有显著变化，而其他一切则变得更加

---

① Jude Wanniski, *The Way the World Works* (New York: Basic Books, 1979).

丰富。

然而，黄金作为历史上最成功的货币，并不意味着货币主义的正确性，货币主义假设货币之所以有价值，是因为它稀缺。相反，黄金作为一种有效且可获得的衡量标准，并不会减少货币的供应。黄金反而能够实现货币的大规模扩张。

如同内森·刘易斯（Nathan Lewis）在《黄金：货币的北极星》(Gold: The Monetary Polaris)和《黄金：最终的标准》(Gold: The Final Standard)中所表明的那样，即使在金本位下，世界上黄金的数量与货币的数量之间根本没有关系。① 如果黄金价格固定，那么货币可以根据企业家对有利可图的项目的投入而增加到任何需要的水平。在工业革命期间，虽然世界黄金的数量增长了3.4倍，但美国的货币供应量增长了163倍。正如《福布斯》杂志具有煽动性的思想家约翰·塔姆尼（John Tamny）所说："优质货币永远不会供过于求。"②

这是对货币作为商品的最终驳斥。没有人认为纸币是一种商品。如果纸币是商品的话，纸币的价值将仅仅等于它所印刷的纸张价值。在金本位下，可兑换黄金的纸币之所以保持其价值，是因为有了可信赖的衡量标准。如果衡量标准是可信赖的，货币就

---

① Nathan Lewis, *Gold: The Monetary Polaris* (New Berlin, New York: Canyon Maple Publishing, 2013) and *Gold: The Final Standard* (New Berlin, New York: Canyon Maple Publishing, 2017).

② John Tamny, *The Money Confusion* (Ft. Lauderdale, Florida: All Seasons Press, 2022).

可以根据需要进行增加，以支持有效的项目。就像每根米尺而非所有米尺的总和由国际单位制所设定一样，是1美元而非所有美元的总和由黄金来衡量。

这种度量标准可能变得不再可信。在列宁时代的俄国，卢布贬值到原来的万分之一，部分原因是国库几乎没有黄金。然而，在通常情况下，如果有一个可信的政府，且手头有数量可观的黄金，那么这个度量标准会以1美元为单位进行验证。

1930年的加里宁格勒会议提供了一个寓言。世界上最杰出的数学家否认数学的神谕来源。然而，他们年复一年地完成了理论上的巨大成就，却不知道他们工作的那些前提是无法证明的神谕宣告，直到哥德尔给他们指出为止。同样，我们几乎不曾将货币视为神谕，因为围绕它发展起来的金融系统如此复杂又深植于我们的文化和经济中，以致脆弱的基础神谕很少引起我们的注意。

然而，法定货币显然是神谕的。"每个人都知道"它是基于信仰的。黄金和法定货币之间的区别，主要在于黄金的神谕更加扎根于时间的物理现实。

信息论经济学将货币与时间联系在一起，时间是宇宙中最基本且不可逆转的载体。货币不是交易的内容，而是载体。然而，使用低熵的、可预测的、不出人意料的货币，可以传递高熵的信息。由玻璃、光和空气组成的世界范围的网络构成了互联网的低熵渠道，它所承载的"新闻"并不比世界范围内的价格信号网络更重要或更具有高熵。但如果货币是嘈杂的，而不是可预测的，价格信号就具有误导性。货币不可能既是信息又携带信息。

恩斯特·马赫（Ernst Mach）提出的物理学"原理"认为，地球上任何地方都汇聚着来自整个宇宙的深不可测的力量，理论上可以在任何特定的点进行求和。马赫原理也适用于经济学。每个价格都是通过货币传递的其他价格的全球拓扑结构的表达，根植于时间。如果政府重新安排拓扑数据，那么价格体系将会出现错误的证据，干扰学习和发现的过程，从而阻碍经济增长和进步。

国际单位制测量标准的测量单位不能浮动，因为它们提供了度量标准，使建筑项目、计算机设计、食品加工设备、网络、冰箱、燃料、管道、研究实验室、芯片资本设备、工业传感器、照明系统、医疗仪器、光纤电缆、假肢设备、铁路轨道、储存设施、医院设备、计算"云"等工业和政府中的复杂系统相互连接和运行，以维持我们的生命。

货币是同样重要的度量标准。货币需要一个超出其度量事物之外的明确地位，不亚于米、克或流明。在全球经济中，通货不能与商业混为一体，否则货币仿佛是一种由货币来衡量的商品。通货必须属于交换过程之外的绝对度量坐标。价格如果不协调，就会使企业误入歧途，并且不会为经济增加价值。货币也不会通过可验证的学习来产生知识。

货币作为经济学中的关键指标和信息载体，只有在其价值根植于时间的程度上才可靠。时间作为宇宙中唯一不可逆转的现实，由热力学熵赋予方向性，免受复制、伪造或储存的影响，是所有价值最纯粹的参照点。

为了克服当前困扰全球经济的低迷局面，我们必须回归真实货币的体系，不再依赖银行家的心血来潮，而是依靠宇宙的物理常数作为支撑。

时间稀缺而又可以任意扩展，无法复制或取回，平等分配给所有人，是经济活动的衡量标准。时间价格是衡量财富跨越时间和空间的一种统一方式。时间价格展示了一种新的丰富状态甚至过剩状态。

从最根本上说，货币就是**时间**，当其他一切变得丰富时，时间仍然是稀缺的。时间通过学习经过验证的新知识来衡量财富的增长。学习只有在时间的推移中才有意义。除非学习正在进行，否则货币将失去价值，经济将陷入过去。

从上帝的角度来看，在一个确定性的宇宙中，所有的过去和未来都是已知的，超越了时间。但是，时间拉下一道移动帷幕覆在未来之上，人类为了生存需要学习。作为标记化的时间，真实的货币衡量了学习的过程，并使其能够在全球经济中共享和交换。

作为宇宙中唯一不可逆转的元素，时间由热力学熵赋予了方向性，因此它是所有价值的最纯粹的参照点。在缺少数字金本位的情况下，全球投资者将继续向基于区块链的数字货币转移，这些数字货币最终根植于时间戳序列的交易。借助存储技术的巨大进步（带宽和数字存储的成倍增长），区块链是解决世界经济中两个重大黑客危机的一种方式。一是互联网黑客窃取了约 80 亿条个人数据；二是全球货币在世界各国中央银行的统治下被滥用，而这些中央银行本质上是金融系统的黑客。最能将信息技术的崛起与黄金的稳定相结合的企业家,将为互联网和世界经济创造一种新的技术标准。

面对这一前景,通过创建中央银行控制的主权数字货币,各国政府和中央银行正在疯狂努力证明自身的持续重要性。虽然它们很可能实现这一目标,但结果对于政府及其公民来说并不会是令人愉快的。

试图控制货币数量或速度矢量,以抵抗和转移时间和熵的不可逆流动,将来会像现在一样徒劳无功,甚至可能更具破坏性。随着政府发行的数字货币向我们强制推行,以及对其不认可的企业受到更大的打压,经济将变得停滞不前,所谓的"通货膨胀"将飙升。

就像政府与金本位的关系不大一样,数字本位更不需要政府过多的干预。为了克服当前困扰世界的经济低迷问题,我们必须回归到真正货币的体系,不再依赖银行家及其主人的心血来潮,而是依靠宇宙中不可逃避的物理常数,其中最重要的就是时间本身。

第十三章

比特币资本主义

以上所说仍然没有触及我们真正关心的问题。

这个问题就是我们每天使用的用户名、密码、电子邮件地址、个人识别号码以及一般身份信息的"捉迷藏"游戏。哪个组合的名称、数字或地址与哪项订阅、银行账户、网页、应用、政府机构或计算机相关联？这是一个复杂的问题，并且问题很严重。如果我们不想办法解决，那么我们不仅会失去银行账户，还会失去健康和头发。

与每天10万亿美元的货币交易、美联储的重大紧急货币政策、每年50亿次的恶意软件攻击和每年影响20亿网络用户的数据黑客相比，身份信息和供应商的组合爆炸似乎微不足道。我们已经被教育得不敢抱怨。毕竟，无法跟踪我们的个人基本信息是我们自己的错。不是吗？

每当我们的互联网娱乐和购物出现这种或那种紧急小麻烦时，我们都会承认自己的无能和责任。我们甚至都不好意思告诉我们的另一半。结果是，如果我们没有把密码和其他数据留在电脑上，让别有用心的电脑迷触手可及，那就把它们写在便利贴上，并将其放在桌子上，让任何陌生人都能看到。

更加令人担忧的是，每当我们信任的第三方供应商，比如美国银行、联邦人事办公室、塔吉特百货、摩根大通、美国国税局、美国运通、医疗保险、维萨信用卡，再次丢失数百万条个人数据时，都需要我们自己处理好自己的相关情况。

我们必须更换所有的信用卡号码，并通知所有相关的自动扣款机构新的号码，否则我们的电子通行卡（E-ZPass）在收费高速公路上将无法正常运作，州警察会打开他们闪烁的蓝色末日灯；恰在此时，我们的吉姆·里卡兹（Jim Rickards）[①]VIP（贵宾）会员资格到期了，该网站拒绝让我们了解有关关键行动的内容，这些内容告诉我们如何克服美国中央情报局策划的即将到来的世界金融末日；我们只能绝望地等待，而我们为保护我们宝贵的全球储备货币地位（没有它，我们怎么活？）所剩的最后几分钟、几秒钟也无法挽回地溜走了……我们注定要像一个普通的订阅者，甚至一个可怜的平民搭便车者一样无知（尽管我们**试图**支付专业VIP的费用。我们确实这么做了！）。因此，我

[①] 此处指詹姆斯·里卡兹，出生于1951年9月29日，吉姆（Jim）是詹姆斯（James）的昵称，他是美国律师、投资银行家、媒体评论员、金融和贵金属问题畅销书作家，曾为美国国防部和美国中央情报局顾问，著有《货币战争：下一次全球危机的形成》《货币之死》《通往毁灭之路》《新的大萧条》《销售一空》等著作。——译者注

们完全错过了亿万富翁 VIP 的内幕时机信号，它将使我们能够与杰夫·贝索斯和埃隆·马斯克一起，在即将到来的全球货币和气候的大灾难中通过做空地球赚取数百万美元，精英们都在其中发了财。

因为缺少一张便利贴，一笔财富就这样丧失了。

说真的，那些会让我们感到恐惧的全球黑客活动和让我们抓狂的忙乱都源自同一个地方，也有同样的解决办法。

问题在于责任错位。你是一个人，备受困扰；而他们数量众多，规模庞大。但是，你必须为所有半可信任的第三方跟踪所有不同的用户数据，而不是他们跟踪你并适应你的需求。每当出现问题时，你的每个网站订阅都会表现得好像它是你投资组合中唯一的网站，你当然知道各种情况下在每台机器上应用哪种组合的用户名和密码。无论如何，在条款和条件中，你确实签署了放弃你的房子、公民身份和运输安全检查时穿鞋的权利，而没有仔细阅读所有的细则。

这是一种混乱情况：将本应分散化的个人身份和数据集中化，同时将本应集中化的公司网站管理交易和安全的责任分散化。在我与不同网站打交道时，每个网站都会为我创建一组个人身份和数据。为了应对这些不断增加的身份，我必须证明 PayPal 上的我、亚马逊上的我、吉姆·里卡兹订阅中的我，以及其他许多个我，实际上就是我自己、我本人。每次我都必须证明自己是这些站点为适应自己的系统而创建的"我"。我是局部性的，但我的所有身份都与你们的所有身份集中在巨大的身份混乱中。

与此同时，管理交易和安全的责任被分配给数十亿用户，也就是所有那些账号和密码，这就是为什么每次连接失败都让我们感觉像是我们的错。

所有这些亿万身份的集中化是互联网既不安全也不可信任的原因。数据都存储在目标丰富而数量相对较少的网站上，潜在的黑客数量达到了数十亿，他们匿名而虚幻。这不是再加一个隐私补丁，或者将全球网络安全行业的年度收入从 2022 年的 1725 亿美元翻一番，从而达到 2027 年预计的 2560 亿美元，就能解决的问题。

梅特卡夫定律是由以太网发明者鲍勃·梅特卡夫（Bob Metcalfe）构想并命名的，规定网络的价值随节点数量的平方增加。但是，加密领域也有一条梅特卡夫定律。它颠覆了网络定律，将其颠倒过来。梅特卡夫加密定律指出，网络随着攻击面增大**更容易受到攻击**，而攻击面的大小正好是节点数量的平方。所有接口都存在被黑客攻击的可能性。

集中式系统（比如维萨信用卡、万事达信用卡、谷歌或 Facebook）每增加一个用户，都会降低安全性。新用户带来了潜在攻击的新载体。每个新用户都是一个潜在的黑客或被黑客攻击的受害者。

正如军方加密专家大卫·克鲁格（David Kruger）所指出的那样，现有的"分层点防御"——软件补丁——的有效性只是逐渐增加。①它一次只能阻止一个攻击载体。与此同时，攻击载体按照梅特卡夫定律呈指数增长。用补丁来抵御它们是愚蠢的或骗人的任务。

结果就是网络安全丑闻和货币丑闻：我们在网络安全上投入得越多，以及网络扩张得越多，网络就越**容易受到攻击**。

安全不是来自一堆补丁，而是一种架构。世界需要一种架构性解决方案，因为互联网相当于一个宇宙复印机，其中没有什么是可靠的，并且政府会定义地址。当前的互联网不幸带有一个致命的原罪：IP 地址被锁定在特定的国家和政治管辖区内，这鼓励各地政府认为它们应该拥有和监管互联网，或者至少是其所在地区的互联网。从欧洲经济共同体（EEC）到华盛顿，各地的政府都把互联网公司称为危险的垄断企业，并对它们进行管控，声称要让这些公司对"假新闻""仇恨言论"和侵犯隐私负责。

美国认为，华为的路由器必须远离美国的 IP 地址。在土耳其，雷杰普·塔伊普·埃尔多安（Recep Tayyip Erdoğan）认为他应该拥有土耳其的 IP 地址。IP 地址已经成为各国政府争相掠夺的猎物。

---

① David Kruger, "The True Cause of Cybersecurity Failure and How to Fix It," *Expensivity*, May 13, 2022, https://www.expensivity.com/fixing-cyber-securityfailure/. 克鲁格是"软件定义分布式密钥密码术"的共同发明人，在软件开发、安全工程和风险分析方面拥有 35 年的经验。克鲁格对挑战的定义是："网络战是非常不对称的。如果网络防御者得分为 100 万，网络攻击者得分为 1，**则网络攻击者获胜**……防御比攻击要昂贵得多……因为相对较少的网络攻击者可以为非常多的网络防御者创造工作。"

在计算机"安全和保护"支出大幅增加的同时，违规行为暴增到几十亿的数量级，我们不能依赖网络上的任何人或任何东西，甚至服务器、交换机以及连接一个子网与另一个子网的关键边界网关协议也变得不可信。互联网上的 TikTok（抖音国际版）诱惑、Facebook 时间线、微信钱包、拜登承诺、谷歌搜索、违反"网络中立性"行为、亚马逊云服务和隐私规定，都经常受到攻击。

现有的互联网就像一个巨大的复印机。作为一个沟通和研究工具，其伟大之处在于：我们可以在任何地方访问曾经被写下、说过或拍摄过的任何东西。然而，作为一个随心所欲的复印机，互联网并不是一个安全的文件存储库，包括你的银行账户。当一个文件被黑客攻击时，原始文件很难与复制品区分；我们无法分辨哪个是先来的，哪个是后到的。我们再次回到时间，时间是宇宙中唯一稳定的度量标准。只有时间既不能被翻倍，也不能被逆转。一个安全的互联网，以及一种摆脱政府管控的货币，必须以时间为基准。

2009 年就有了这个问题的解决方案，被概述在一份由化名中本聪（Satoshi Nakamoto）撰写、如今已成象征的白皮书《比特币：一种点对点的电子现金系统》中。①它的关键创新被称为区块链。然而，到目前为止，由于最初的表现——尤其是大名鼎鼎

---

① Satoshi Nakamoto, "Bitcoin: A Peer-to-Peer Electronic Cash System," Bitcoin. org, 2008, https://bitcoin.org/bitcoin.pdf.

的比特币——存在致命缺陷，其潜力尚未完全实现。

区块链的理念是，全球网络上的每个节点，比如你的电脑、你邻居的电脑、杰夫·贝索斯的电脑、比尔·盖茨的电脑，甚至希拉里和特朗普的电脑，都可以保存整个网络上每一笔交易的完整历史，按时间顺序排列。这些交易将以压缩的数学形式——"哈希"（hash）——来存储，而不是记录为"莎莉为吉姆买了一个生日礼物"。

然而，这个精彩的想法是，通过普遍记录，交易时间成为其真实性的不可改变的证明。因为每一笔新交易都带有所有先前交易无法逃避的数学印记，无法在记录中与它们分离，也无法被伪造。区块链使你的个人数据变得独特且不可变，使你的交易受到无可置疑的认证。如果任何政府机构或公司部门声称，你未支付某笔款项或违反某项规定，那么你可以拥有一份无可置疑的时间戳记录来反驳。你不再无助地依赖某个遥远的官僚机构告诉你：你是谁或你做了什么。

这究竟如何成为可能？那种带给我们互联网及其挑战的技术，同样赠予我们这个礼物。中本聪的关键洞察是，自半个多世纪前摩尔定律提出以来，技术的进步可以解决网络和货币的黑客攻击问题。

通过思考过去50年来存储密度20亿倍的巨大提升，所有专家得出结论，芯片技术的奇迹有利于中心化的"云"及其垄断所

163　有者［从亚马逊到Facebook，再到Alphabet（字母表）①］的统治。新的芯片违背了我所说的"微观世界法则"，据称将推动巨大数据中心的计算中心化。但是，中本聪看到，新的超级芯片实际上可以使我们摆脱这个星云帝国。一个20亿倍的内存突破足以在你的笔记本电脑或智能手机上实现去中心化的本地处理和存储，包括哈希和时间戳的交易历史记录。

这个洞察力是违反直觉的。地球上的在线交易数量如此庞大，怎么可能在网络的每个节点上都记录下来呢？答案就在信息技术的纳米世界中。在分子上存储比特的效率，每年翻一番左右，产生的总内存容量使比特上货币的扩张相形见绌。②

区块链将个人数据从集中的官僚机构转移到个人手中，并将交易安全的责任转移给负责安全的官僚机构。

通过把比特币定义为一系列时间戳交易，区块链将货币表达为随时间变化的信息。信息是意想不到的比特。意外——意识感觉到的从一刻到另一刻的变化——只有通过时间的流逝才有意义。同样，货币也只有通过时间的流逝才有意义。

在上帝的眼中，所有知识都一览无余，货币将变得无关紧要，因为一切都在神圣的安排中得到妥善安置。那是一个以物物

---

① Alphabet是谷歌公司重组后的名字，成立于2015年10月2日，继承了谷歌的上市公司地位以及股票代号。Alphabet采取控股公司结构，把旗下搜索、YouTube、其他网络子公司与研发和投资部门分离开来。——译者注

② 比特上货币的扩张，意指交易数量的增加。——译者注

交换为主的世界,不需要记忆或货币,所有交流都是即时而直接的。但在我们所生活的世界中,时间是通过熵来衡量的。熵是一个多方面的概念,它将物理宇宙中随时间增加的物理混乱或随机性,与时间长河中知识和学习的增长带来的创造性意外相结合。货币是标记化的时间。

这种结构分散化的方式,使得你的唯一身份与你捆绑在一起,交易历史透明且不可更改地记录在整个互联网上,可以消除对信任的依赖,并用确定性取而代之。在各处记录交易并将身份与私钥存储在你的手中,可以阻止自上而下的操纵和自下而上的依赖和屈从。在整个网络上分布的记录,对所有地方的黑客攻击都构成了不可逾越的障碍。分散化还提供了普遍性、自由和隐私,所有这些都由作为时间和记忆的货币来规范。

你的身份应该是独特且不可变的,而你的交易则是多样且安全的。在区块链上,这个目标终于变得可行。根据梅特卡夫加密定律,网络中每增加一个节点都会增加脆弱性,而每增加一个使用区块链的网络用户则会增加安全性。区块链扩展了共识的范围和稳健性。这是区块链的基本特征,也是网络的新范式。

当一个范式失败时,你是如何知道的呢?当它的后果是,**你花的钱越多,结果就越糟糕**。我们花在网络安全上的钱越多,互联网就越容易被黑客攻击,我们每年花在网络安全上的钱就会增长20%。世界货币在每天8万亿美元的货币交易中变得越来越庞大,而货币交易每四年增长约50%。这种货币流动主要收获的是贸易摩擦、货币摩擦以及经济停滞。

中本聪的区块链发明是一个"统一体",解决了世界经济双重失败范式的两个方面:互联网安全的崩溃和货币丑闻。然而,比特币本身已经成为一场运动,由通过其致富的人不断激发。问题在于它的技术缺陷,主要是它对稀缺性的刚性上限和由此产生的波动性,既推动了其市值的飙升,也注定了它无法成为终极全球货币。

为了使比特币成为合适的货币,并指导企业家,中本聪模仿黄金使比特币**稀缺**。他设定了到2141年比特币的数量上限为2100万个,由此将比特币对新经济机会和技术变革的反应转移到了价格上。这种选择吸引了那些希望通过"紧紧抓住比特币以求财富"的"比特币持有者",但也可能使比特币过于波动,从而无法作为交易货币使用。相比之下,如果比特币以黄金供应的年度速度增长,到2141年可能会接近3.5亿个。① 通过严格限制可能的单位数量,并将所有变化转移到价格上,中本聪使比特币成为一个波动性较大的投机资产,而不是一个可靠的价值衡量标准。

到2141年,比特币的总量将被限制在2100万个,已经发行的数量占总量的91%左右,其余的大约200万个比特币尚待

---

① Michael Kendall, *Man on the Margin* (blog), https://manonthemargin.com/. 另见 George Gilder, "The Bitcoin Flaw," 第22章, *Life after Google: The Fall of Big Data and the Rise of the Blockchain Economy* (Washington, D.C.: Regnery Publishing, 2018), 这一章阐述了肯德尔(Kendall)的区块链供给侧愿景。

出现，这使得比特币的价格极其波动，有时一天内的涨跌幅可达20%。由于私钥丢失，据估计已经有多达500万个比特币无法找回，这导致比特币的净供应量甚至可能减少。

这个上限对比特币作为货币来说是致命的。货币供应必须能够随着生产经济的扩张而扩大。货币最终只是用来衡量生产的一个标尺。通过设定比特币的总供应上限，中本聪有点画蛇添足，使其变得更加金贵，比黄金还要金贵，而黄金的供应每年大约增长1.5%。一个只存在于虚拟世界的硬币已经变成了商品，因此，比特币作为金融衡量标尺的价值被破坏了。

比特币的持有者远非改革派人士，他们将其视为一种老式的投机资产，就像一幅凡·高（van Gogh）的画作、一张米奇·曼特尔（Mickey Mantle）的新秀卡片[①]，或者说，一套硬币收藏品。比特币的波动性使其无法作为现金或进行投资。一种货币首先必须是无信息的，即无意外的。比特币的波动性使其充满了不可预测的意外。

货币只有在你付出和投入时才有价值。它的目的是促进贸易、投资和创业。比特币的规则是**握着**，用双手紧紧地握着，这是一种后资本主义的规则。在比特币会议上，人们经常谈论购买比特币，然后"睡觉、度假或乘船旅行"。

货币通过种种创造性经济项目的利润获得其价值，也就是它

---

① 米奇·曼特尔是棒球史上最伟大的击球手之一。文中所说纪念卡是有史以来最昂贵的体育纪念品，其价值高达千万美元以上。——译者注

所赋予的知识、所产生的信息以及所节省的时间。人们之所以追求美元,并不是因为美元支撑着美国经济,而是因为美国经济支撑着美元。美元是主要的全球储备货币,因为它可以投资于庞大的美国企业网络,并购买全球范围内的商品和服务。

比特币渴望成为黄金,但黄金是一种度量标准,而不是价值储存工具。即使在金本位下,支持货币的黄金数量通常不会影响其价格。黄金的货币属性使其能够被信任作为价值的**衡量标准**,即使黄金数量相对较少。由于黄金值得信任,所以少量黄金就能支持交易量的巨大增长。PayPal、维萨信用卡和其他拥有数万亿美元交易价值的可信平台,几乎不需要持有任何实体货币。

首先,中本聪未能创造出一种新的黄金,因为他视时间为一维的,仿佛时间只有过去而没有未来。他虽然明白货币必须像时间一样稀缺,但忽略了时间的另一个重要特征,即**无限可延展性**。一种成功的货币必须将时间的这两个特征巧妙地结合起来,**既稀缺又无限**。

一种成功的货币最终必须由知识和学习的扩展来支配。在经济学的信息理论中,**知识最终是由时间来衡量的**。

评估企业家学习的收益以及知识和资金供应量的增加有两个因素:一方面,企业家愿意承担商业项目的风险和可能的不利因素;另一方面,贷款人和投资者愿意为企业家提供资金支持。

这些限制规定了实际利率(时间的度量)水平。它们不是中央银行虚假法定货币的衡量标准,而是企业家及其投资者所接受的实际时间价格的衡量标准。真实利率不能由政府保证。政府担保贷款无法接受检验，也不能产生真正的增长和抵押品。

与货币的时间稀缺性一样重要的是其可扩展性。

继1998年亚洲金融危机之后，科技崩盘在很大程度上是由美元的暴涨引起的。在科技繁荣期间，时任美联储主席艾伦·格林斯潘（Alan Greenspan）削减了美元的供应量。他说存在"非理性繁荣"和"通货膨胀"，而这实际上是新数字经济正在崛起，由Facebook、亚马逊、谷歌和其他成千上万家公司领军。

在20世纪末最后四年的科技电信繁荣期间，美元兑黄金升值了57%。以时间价格衡量，随着互联网经济的生产力乘数逐渐实现，美元的升值趋势明显。但是，就像2100万个比特币的上限一样，美元的供应量无法与知识和财富的惊人扩张相匹配。美元作为一个衡量标准的角色受到了阻碍。

需要进行交易、进行实验和启动项目时，货币必须按比例扩大。货币必须像创业者的想象力一样无限，经过银行家的准则过滤，而且必须以有限的方式扩展，就像定义时间价格的一天有24小时一样，有时被称为开展商业所需的动力。

其他更好的加密货币在国外正呼之欲出，更像黄金，因为它们稀缺，但也能随着财富和知识的积累而增长。比特币"挖矿"如果能正确地进行，那么与黄金供应缓慢但稳定的增长非常相似。

即将出现的下一代互联网Web 3.0，将是一个天生安全的加密网络，能够提供解决两大黑客攻击的最终方案。当前这一代加密货币的问题，将让位于一个通过生物识别技术、公钥地址与私钥身份进行唯一用户配对,且有效地存储唯一的设备身份的系统。

将区块链用于关键存储角色和个人身份识别,Web 3.0 可以消除庞大的可信第三方,并创建一个能够实现中本聪梦想的分布式承诺的区块链。①

在当前的怪人世界中,一切都是无摩擦的、透明的和易受黑客攻击的,匿名主导着一切,与之相伴的是不可避免的偏执狂。美国政府认为必须将中国的目光和路由器远离美国的 IP 地址,因为美国认为这些地址是其所有物。偏执狂成为领导,而每个人在生活中都害怕潜伏的黑客。

但是,正如电信先驱丹尼尔·伯宁格(Daniel Berninger)所解释的那样,这一切都是荒谬的。我们发明 IP 地址是为了实现计算机之间的广域通信。现在,它们正被分配给手表和心率监测器、厨房器具和跑步机。而将它们置于政府的控制和监管之下,会阻碍"物联网"(Internet of Things)的发展。

新的网络将用由私钥持有者控制的公钥取代由政府控制的 IP 地址,而私钥意味着你和你的生物特征。

怪人世界将让位于 Web 3.0。②

---

① Evan McFarland, *Blockchain Wars: The Future of Big Tech Monopolies and the Blockchain Internet* (North Haven, Connecticut: Evan McFarland, 2022). 这本书全面介绍了 Web 3.0 及其与区块链的融合。

② Gabriel René and Dan Mapes, *The Spatial Web: How Web 3.0 Will Connect Humans, Machines and AI to Transform the World* (Gabriel René, 2019).

由垄断部门和政府运作的金字塔结构，将让位于自下而上的架构——以新的、改进的区块链中的不可变的时间戳账本为基础。它将为世界经济和全球网络提供一个衡量标准。它将揭示一种后资本主义生活，拥有繁荣、和谐以及真实、不变的信任的未来。[1] 让我们一起建设它。

---

[1] Alan Farrington and Sacha Meyers, *Bitcoin Is Venice: Essays on the Past and Future of Capitalism*, with foreword by Alex Gladstein (Nashville: BTC Media, LLC, 2021).

第十四章

信息论与经济学

在知识和权力的史册上，有一个关键时刻出现在为人父母的过程中，那就是告诉我们的孩子，他们不可能"拥有一切"。当他们从子宫走向世界时，他们并不统治宇宙，甚至不统治他们自己的领域。"在这个等级制度的宇宙中，这个时候有一个上帝，就是我和你的母亲。"

数学家曾经相信他们的学科是完整的，其逻辑是无限的和决定论的。他们认为自己是所有科学的统治者。但是在1930年的德国加里宁格勒，在纪念大卫·希尔伯特（数学公理的完备性和普遍性的倡导者）而召开的一个会议上，库尔特·哥德尔提出了他的不完备性定理，证明了数学家们的错误。[①]数学，甚至是算

---

① David Hilbert, "Mathematical Problems," trans. Mary Winston Newson, *Bulletin of American Mathematical Society* (1902); Kurt Gödel, "On Formally Undecidable Propositions of Principia Mathematica and Related Systems" (1931).

术，事实上所有的逻辑、公理或者推广的算法系统，都不可避免地是不完备的，充满了它们无法证明的命题。

在一个具有否定历史的城市里，这是一个历史性的否定。加里宁格勒是传奇数学家莱昂哈德·欧拉［Leonhard Euler，发音为"奥伊勒"（Oiler）］进行著名证明的场所。1736年，他证明了人们不能连续穿越这座城市的七座桥而不重复经过其中一座。在这一过程中，他为图论、拓扑学和网络理论等丰富的数学体系奠定了基础。

通过区分地图和领土，以及拓扑和偶然性，欧拉对交叉点的作用做出限制，并将其应用于物理和数学上的桥梁以及通信链接。

在创立信息论方面，库尔特·哥德尔提供了一种更终极和更重大的否定。

这是一种智力上的自我否定行为，结束了决定论统一逻辑对人类的束缚。它阻断了人类与天堂般的确定性之间的所有算法桥梁，使自由成为必然。信息论甚至通过信息的发起者所掌握的**自由度**，来定义信息的数量，即信息的熵。①

---

① 香农表示，熵是由表示意外的比特测量的信息。信息的熵代表了信息编写者的选择自由和创造空间。可能的信息集合越大或符号的字母表越大，编写者的选择就越多，信息包含的熵或不确定性也就越高——因此，信息就越多。通过编码信息所需的二进制位数，熵可以最简单地来衡量，其计算方法是信息各组成部分概率的以2为底的对数之和（1到0之间概率的对数总是负数；在和的前面加上一个负号，表示熵为正）。秩序是可预测的，因此是低信息的和低熵的。

如果你只有一个自由度，在无限问题的游戏中只能问一个问题，那么熵或者意外度就是 1 比特。由于信息本质上是意外——因为可以被预期或可靠地预测的消息并不是信息，信息就是意外的比特。

但是，你仍然需要一个可靠的、可预测的、普遍定义的信息载体。如果没有信息理论（以一种一致的方式来定义、衡量、管理空间和时间中的数据），计算机科学就是难以理解的，互联网就是深不可测的，全球信息经济就会变成一个混乱的巴别塔（Babel）。

对于现代信息论来说，其起源和转折点是哥德尔的证明。自从 1930 年在加里宁格勒的数学会议上不受欢迎和未预料的揭示以来，哥德尔的巧妙壮举宣告所有连贯的逻辑系统都是不完备的。

从算术到几何，到布尔代数，再到当时由约翰·冯·诺依曼追求的至高无上的量子计算，哥德尔表明，所有人类的思维方案都依赖于系统内无法证明的原则。① 根据最终的知识理论——认识论，理性不会允许你拥有一个全面的系统。现实是分层且开放的。那些期望能够给数学赋予实际神学地位的决定论和完备逻辑演算法被驱逐了。

哥德尔证明，人类不可能成为全知的神，即使是纯粹的数学

---

① John von Neumann, *Mathematische Grundlagen der Quantum Mechanic* (Berlin: Springer Verlag, 1932).

家，甚至是他在普林斯顿的好友爱因斯坦也不可能。由此推广，逻辑也含蓄地排除了全能或独裁统治者。

在消除决定论的同时，哥德尔提醒我们认识人类的自主性。他为自由提供了保证，为信仰提供了需求，并为新的信息技术奠定了基础。在参加加里宁格勒会议时，只有冯·诺依曼明白，哥德尔的证明，利用数字来编码概念并进行数学处理，构成了我们现在所称的计算软件程序。尽管哥德尔的方案不符合冯·诺依曼及其导师希尔伯特所设想的决定论的纯粹性和完备性，但它使得自上而下的分布式计算系统——**计算机**——成为可能。

这是微观世界的一项新法则：计算机最终可以像人类思维一样广泛分布。在加里宁格勒，冯·诺依曼放弃了作为希尔伯特最杰出的拥护者的事业，成为计算机时代的核心理论家。

1945年，他构想了冯·诺依曼计算机体系结构，包括现在人们熟悉的计算设备，比如输入输出设备、算术逻辑单元、指令集、程序计数器、用于指令和数据的随机存取内存，以及外部长期存储器。他甚至概述了之后基于脑科学的大规模并行神经网络的"非冯"（Non-Von）原则。所谓的神经网络如今广泛存在于数据中心的"云"中、人工智能和机器学习系统中，以及你的电脑或智能手机的图形处理器中。

冯·诺依曼设计证明了艾伦·图灵理论上的"通用图灵机"。①

---

① James Gleick, *The Information: A History, a Theory, a Flood* (New York: Pantheon Books, 2011)，这本书提供了冯·诺依曼所扮演角色的历史细节。

1936年，图灵证明了所有计算系统都具有相同的逻辑结构。只要有足够的内存和时间，图灵机就可以计算任何可计算的数字或算法。图灵证实了哥德尔的不完备性定理，他表明，大多数逻辑问题（由无数可能的数值代码所代表）原则上是无法在系统内计算的。①

将这些主题和抽象概念具体化，并逐步发展成为分散式计算机网络的实用学科，这是克劳德·香农的贡献。作为20世纪30年代末麻省理工学院的硕士研究生，他证明了现有电话网络中简单的电子继电器开关可以作为乔治·布尔（George Boole）19世纪代数推理和"思维定律"的基本元素。通过将数学与逻辑结合在一起，布尔的方案适用于计算机。②

在贝尔实验室发明晶体管的前夕，香农为电子学和计算机科学赋予了启发性的洞察力，将那些笨重的继电器开关转化为微型化的微观世界。电子的"门"和开关，现在正转向硅"芯片"，可以执行布尔逻辑运算（比如AND、OR、NAND、NOR和NOT仍然是Python和Java等软件语言的主要习语）。

但是，香农并没有将他的信息论局限于抽象的数学领域。他将他的理论从布尔代数和电子学中的晶体管和二极管，扩展到了生物学和遗传信息领域。正如沃森和克里克彼时正在发现DNA密码一样，香农决定性地将计算机理论扩展到了蓬勃发展的生命科学领域。

---

① Alan M. Turing, "On Computable Numbers, with an Application to the Entscheidungsproblem" (1936).

② Claude E. Shannon, *Collected Papers* (New York: Wiley-IEEE Press, 1993).

175　　香农的博士论文是在万尼瓦尔·布什（Vannevar Bush）的指导下，以孟德尔的遗传革命为重点，在冷泉港实验室（Cold Spring Harbor Laboratory）进行研究的。论文题目为《理论遗传学的代数》（An Algebra for Theoretical Genetics），该论文使信息论成为一个完整的学科，涵盖有机和无机现象，并最终将药理学从化学上的碰运气转变为信息科学。①

从第二次世界大战期间贝尔实验室和麻省理工学院的密码学机密文件开始，香农进一步阐述了他对计算和通信的详细程序的广泛洞察力，这些程序现在被我们认为是信息论的核心。也许部分原因是1948年香农公开发表的《通信的数学理论》（A Mathematical Theory of Communication）去掉了信息论中的机密部分，所以互联网在没有加密信任层的情况下出现了。②

互联网是一台很容易被黑客入侵的巨大复印机，是一个没有

---

① Claude E. Shannon, "A Mathematical Theory of Communications," *Bell System Technical Journal* (1948).

② Mikhail Dyakonov, "The Case against Quantum Computing: When Will Useful Quantum Computers Be Constructed? Not in the Foreseeable Future, This Physicist Argues. Here's Why," *IEEE Spectrum* 56, No. 3 (March 2019)."这种原理证明实验的目的是，展示实现基本量子运算的可能性，并演示已经设计的量子演算法的一些要素。为此使用的量子比特数低于10，通常在3到5之间。显然，从5个量子比特到50个量子比特［高级研究和发展活动（ARDA）专家小组为2012年设定的目标］是很难克服的实验困难。它们很可能与下述简单事实有关，2的5次方是32，而2的50次方是1125899906842624。"谷歌研究人员声称他们在某种技术意义上前所未有地超越了50个量子比特，这并不意味着在创造实用量子计算机方面取得重大进展，量子计算机要解决输入输出、量子噪声和将现实世界现象有效转换为量子比特并可靠地处理它们的不确定性问题。

不可变记录或真相平台的千疮百孔的金字塔，所有交易和合同都依赖外部第三方。当今只有在 Web 3.0 及其不可变时间戳交易和自动化"智能合约"的区块链层下，互联网才可能最终实现完整的香农愿景。香农的秘密战时论文现在可以与其著名的战后顿悟相结合，用时间戳的加密区块链来完善互联网。

对于香农的老师范尼瓦尔·布什的复杂的"微分分析机"来说，这是一个沉重的打击。当时，这台模拟计算机被认为是最强大的计算引擎。香农宣布了数字逻辑中的比特和字节的至高无上。他探索了模拟和数字计算的优点和缺点，表明只有数字计算机才能成为通用目的的机器。

模拟计算机使用连续的数值——波动和流动——来模拟自然的连续性。它们没有将输入简化为"开－关"数字开关，而是使用作为测量结果的整个连续的波动或流动。它们的结果优雅，而且在理论上是即时的，它们提供了基于与现实世界诱人类比的自然模型。

模拟的缺陷在于，它将计算负担转移到了与现实世界的连接上，转移到了"输入－输出"上。模拟计算机，包括当下所谓的"量子计算机"项目，是建立在自我参照（self-reference）和不确定性的量子之谜的基础上的，必须采用不完整的和本质上不确定的自然输入，并将它们转换成连续的符号系统。①

---

① Charles H. Bennett and Rolf Landauer, "The Fundamental Physical Limits of Computation," *Scientific American* (July 1985), https://www.scientificamerican.com/article/the-fundamental-physical-limits-of/. 基本上，我们回到了图灵的"用光子和电子测量光子和电子"自我参照问题上。

正如图灵在解释维尔纳·海森堡的量子不确定性原理时所说的，这些系统"用光子和电子来测量光子和电子"。从哥德尔和冯·诺依曼到图灵和香农，信息论证明了所有自我参照系统的最终无用性，无论是商品货币测量商品，还是电子和光子测量纳米宇宙中的电和光。①

与哥德尔一样，香农从哲学的完备性和决定论中拿走的东西，在实用性和数学的严谨性方面得到了回报。在定义了比特和字节之后，香农震惊了世界，他证明了信息不是秩序、决定论、平衡，甚至不是模式，而是它们的对立面。信息是打破模式的东西。遵循物理学家路德维希·玻尔兹曼（Ludwig Boltzmann）的无序和随机性增加的热力学，信息是意想不到的比特、熵。与物理熵的数学形式相同，信息熵具有相同的无序方程。信息不是规律或模式。你所期望或预测的不是信息。你能从决定论模型中轻易计算出来的东西不是信息。信息就是**意外**。

将上述理论扩展到电信领域，香农熵理论的一个必然结果是，它让一个低熵的、毫不奇怪的和可预测的载波，去承载高熵

---

① Hubert P. Yockey, *Information Theory, Evolution, and the Origin of Life* (New York: Cambridge University Press, 2005). 这本书使我认识到信息论可应用于生物学，进而暗示了它在经济学上的适用性。虽然路德维希·玻尔兹曼的热力学熵方程和香农的信息熵方程相似，但玻尔兹曼的熵是模拟的，受以"e"为底的自然对数控制，而香农的熵是数字的，受以 2 为底的二进制对数控制。DNA 编码是数字的、线性的、与载体分离的。作者写道："基因组和遗传密码的存在将生物与无生命物质区分开来。在物理化学世界中，没有什么东西能与由序列和序列之间的编码所决定的反应略微近似。"

信息。在经济学中，低熵的载体是法律规则、产权和宪法自由。在计算机科学中，信息被吸引到电磁波频谱，受到无处不在的光速不变的控制，从而能够可靠地区分有序的载体和令人意外的内容。

在超越物理、化学和生物的层次上运作，信息论是当今世界经济中起主导作用的计算机、通信行业以及基础设施的科学。信息论是人工智能和机器学习学科的基础，这些学科目前正在侵入和改变从制造业和金融到制药和战争的一切。经过几十年的严格测试，其功能在互联网、云计算数据仓库、超级计算机、全球通信网络、机器人工厂、先进农业、药理学以及一个新的超丰饶时代中显而易见。[1]

信息论最被顽固忽视的领域就是经济学。[2] 经济学继续无忧无虑地前进，仿佛哥德尔、图灵、冯·诺依曼和香农从未存在过。在一个明显以信息为基础的经济体系中，经济学仍然被视为主要由物质限制、机械激励和确定性方程组成的体制。

信息论为我们称之为"后资本主义生活"的真相提供了一条解放之路。[3] 香农的启示展示了如何摆脱稀缺经济学这门阴郁的科学，如何超越"过剩人口"和资源枯竭的零和竞争，所有这些都在金融过度臃肿中被由政府操纵的货币错误地衡量。

当前经济学仍然是一种关于稀缺的体制，用著名英国经济学

---

[1] George L. S. Shackle, *Epistemics and Economics: A Critique of Economic Doctrines* (Cambridge, United Kingdom: Cambridge University Press, 1972).

[2] Friedrich Hayek, "The Use of Knowledge in Society," *American Economic Review* 35, No. 4 (September 1945), 30.

[3] Peter Thiel, with Blake Masters, *Zero to One*.

家莱昂内尔·罗宾斯（Lionel Robbins）在1932年讲的话来说，这是"一门关于稀缺的科学"，而信息论支持无限丰富的可能性和项目。经济学关注人类的需求和激励，而信息论关注人类的创造力。

经济学的主流定义将其视为一门关于稀缺性的科学，但这并没有阻止像麻省理工学院的诺贝尔经济学奖得主罗伯特·索洛（Robert Solow）、耶鲁大学的威廉·D. 诺德豪斯、哥伦比亚大学的罗伯特·蒙代尔以及加利福尼亚大学伯克利分校的保罗·罗默那样的杰出经济学家探索思想在经济活动中的作用。罗默对思想或"配方"（recipes）的"非竞争性"特征进行的阐述，即这些思想或"配方"可以被分享而不会减少或耗尽，是丰饶经济学和信息论核心原则的重要经典内容。

然而，作为一个起点，稀缺性假设用无限需求和有限供应的模型使经济科学陷入瘫痪。即使是罗默也认为，限制人类创造力的是一种"化学元素"模型。这是一种"唯物主义迷信"，一种认为所有人类事业都受到物质限制而不是时间限制的观念。

隐含的观点是，在某种程度上，物质宇宙本质上是冯·诺依曼所称的"零和博弈"，其中一个玩家的收益意味着另一个玩家的损失，而非对所有人都是双赢的正和博弈。从这种隐含的零和观点中产生了支持政府管控的连续不断危机，无论是所谓的人口过剩和能源枯竭危机，还是新冠疫情和所谓的"气候变化"危机。

唯物主义的基本前提是一个决定论的宇宙。统治它的是"遍历性的"（ergodic）单一因果假设：相同的原因总是会产生相同的效果，并且这些原因是科学可识别的和统计可预测的。与自由流动的信息不同，数据样本起着决定性的作用。这个前提将经济学导向对现有统计平均数的诊断，而不是对无重量、无摩擦的思维领域中新奇和意外的预测。

在决定论的假设下，解释市场的概念有"完全竞争"、宏观经济均衡，或者用奥地利经济学派的说法是"自发秩序"。在这些概念下，信息论描绘的无序的意外大多被视为系统中的缺陷和不完美，成为政治干预和修正的借口。

最成功的竞争对手被视为反竞争的威胁。这些公司通过推出新的发明来主导他们创造的新市场。垄断被认为是在抑制创新而不是引领创新。

在整个资本主义的历史中，像IBM、通用电气和标准石油这样的巨头都让位给了取得创新和"创造性破坏"进展的继任者。但是，无论是保守派还是自由派，似乎都想追求一种"后资本主义生活"的制度，将谷歌、亚马逊、微软、Facebook和其他终会消亡的企业——比如Alphabet和Meta，视为不可动摇的垄断企业。提出的解决方案是，由监管机构进行有效的国有化，这是这些本来短暂存在的企业获得掠夺性永久存在的唯一途径。

现在缺失的是彼得·蒂尔在《从0到1》（*Zero to One*）一书所展现的洞察力，即所有创新最初都会创造垄断，当创新者能够在大众之前保持垄断时，经济受益最大。所有企业都在追求暂时的垄断地位。垄断主要在"应急社会主义"制度下由政府保护时才会变得具有破坏性。

妖魔化垄断的稀缺观念，也抱有一个岌岌可危且不可避免地恶化的地球的幻象。积极的政府会提供解决方案，其不断的监管干预渗透着政府的管控思维。

经济学不把无序视为创造力和意外的香农熵，而是作为无情的物质衰变熵，与信息论的核心洞见大相径庭。所有信息都是熵。无论它是正面的还是负面的，随机产生的还是发明创造的，混乱的还是创意的，从原则上讲，仅通过模式无法预料，它必须在实践中进行测试。在经济中，它面临市场可证伪的测试。在信息论中，经济条件可以如想法一样迅速改变。

宏观经济学的重大错误滋生了持续的微观经济学误解。供给和需求被视为独立而对等的力量。这种假设是如此普遍，以致否认它会让你成为一个否认显而易见事实的人。但萨伊定律仍然成立：供给创造了所有真实的需求。作为"欲望"或"需要"的需求概念是完完全全的主观概念，从科学角度来看毫无意义。

供给侧是主要的，受时间支配，并且充满特殊性。供给侧提供无数的商业项目，依赖于总是让我们意外的创造力。供给是通过提供新商品或服务所需的时间来衡量的。需求是派生的、静态的、即时的和永恒的，具有模糊的"需求"总和以及消费倾向。在需求侧的体制下，这些需求往往必须通过现有供应的库存或政府"重新分配"的供应来满足。

信息论是一种供给侧的观念。在需求侧模型中，供给曲线被假定随着价格上涨而上升。但实际供给随着价格下降而增加，这意味着学习的进步。供给侧的学习曲线胜过由"需求"施加的价格曲线。供给侧扩大规模产生新知识的速度，与降低货币价格的速度一样快。

在主流经济学派看来，调解所有需求和需要的是另一个稀缺资源，似乎包含了其他所有的资源。被称为"货币"的东西被视为一种"商品"，体现了财富以及国家主权的一个方面。在政府和中央银行的统治下，现有货币的"供应"是稀缺经济学的另一个方面。经济学家将其视为类似领土或自然资源的一种资源。政府和中央银行操纵货币，以追求特定的国家政策目标。货币隐然成为实现政治目标的主要杠杆和工具。

结果是金融过度臃肿，以交易货币——被称为外汇（forex）——为主的外汇市场成为迄今为止全球最大的行业，每天交易量接近8万亿美元，比其所衡量的实物和服务市场规模高出大约73倍。外汇市场为美国11家大型银行带来利润，为政治领导人提供权力，但也以受其起伏涨落影响的小国的周期性危机为代价。外汇市场也为全球的交易者——从新加坡的家庭主妇到开曼群岛的退休人员——提供了一种有趣的赌博体验。

与外汇所取代的金本位相比，外汇以远远更多的活动、努力、技术和资源，设法拼凑出一种远不那么可靠的货币衡量标准。金本位在过去两百年间占主导地位，为工业革命提供了一个稳定的衡量标准。

许多经济学家可能认为，当今的货币交易是"自发秩序"和均衡的巨大成功。但信息论将这种广泛的交换动荡描绘为信道中的噪声。利用噪声来获取短期收益，就像大多数短期资产交易一样，是对资本主义的讽刺，削弱了知识、学习和财富。

所有这些对稀缺性与零和博弈的猜测，使经济学家相信"菲利普斯曲线"，即就业过多会导致货币贬值和通货膨胀。该曲线所呈现的失业和通货膨胀的逆相关关系表明，过多的工作、商品及服务本质上会耗尽地球资源并降低货币的价值。在货币经济学中，一切都围绕着通货膨胀（商品过少）或通货紧缩（货币不足）展开，这意味着货币不是一个衡量标准，而是由货币市场调节的政策工具。

对于不同国家公民之间的贸易结果，货币错觉导致了愚蠢的零和观念。在民族主义经济学家们看来，国家竞争力创造了贸易顺差，而贸易逆差则显示了竞争失败。在一个零和世界中，货币贬值带来的激励降低了名义价格并刺激了经济增长，而货币升值和较高的名义价格带来的相反刺激可能导致经济衰退。

然而，作为信息信号，真实价格是时间价格。低廉的时间价格意味着更高的生产力和竞争力。更有生产力的工人使你的国家对世界投资者和企业家更具吸引力，竞争力更有可能导致贸易逆差，而不是贸易顺差。人们不是购买你的出口产品，而是涌向你的海岸购买你的资产。

一个在海外持有美元的人可以用它购买美国的出口产品，也可以将其投资于美国的公司或证券，但不能同时进行。美国庞大而深厚的资本市场充满了信息，这是一种与美国商品有效竞争的资产。国际收支平衡更多地受到资本流动的驱动，这些资本流动会即时地对新信息做出反应，而不是受到需要长期供给侧投资、运输和营销的贸易流动的驱动。

根据信息论，货币是一种衡量标准，而不是商品。作为一个符号系统，货币代表了它所衡量的价值，并使其具有可替代性和可交换性。但是，度量标准不能成为货币所衡量的东西的一部分。作为商品和其他经济价值的衡量标准——一种计价单位，货币真正的价值取决于其作为信息载体的可靠性。

在这方面，货币作为一个衡量标准，本质上类似于巴黎郊外的国际计量局中的所有物理测量标准。国际单位制衡量诸如秒、千克、米、流明、牛顿力、焦耳能量、瓦特电力和摩尔物质等单位标准。国际单位制使得全球供应链和市场能够使用共同的计量单位。

如果货币作为一种衡量标准不改变其价值，那么它的供应便不会稀缺。限制真实货币数量的只是企业家们进行他们相信的投资的意愿和能力，同时也受到投资者资助或银行家批准的意愿和能力的限制。值得重申《福布斯》杂志的思想家约翰·塔姆尼所说的："优质货币永远不会供过于求。"

因为在经济学的信息理论中，货币是财富的衡量标准，而不是财富本身，所以它不能被政府重新分配而不很快失去价值。货币象征着知识和学习的动态网络，是一系列意外的结合，构成了实际的财富。没有知识和学习，财富就会消散，货币也会失去其意义和价值。

强制重新分配，无论是从富有成效的油井转到没有效率的风车，还是从有利可图的创新者转到受政府补贴的"政治潮人"，都是"通货膨胀"或货币标准恶化的最常见原因。它揭示的并非货币供应过剩，而是价值和真实财富供应减少，是知识被权力剥夺。表现这种取向的是随着价格上涨而上升的供应曲线。在货币恶化的经济中，价格上涨往往意味着价值下降。事实上，在信息论下，供应曲线受到**学习**——学习曲线——的支配，通常在价格下降时上升。

物质资源就像宇宙中的原子和分子一样丰富。正如普利和图皮所揭示的那样，人口并不消耗资源，而是创造资源。在不到两个世纪的时间里，人口从3亿人增长到80多亿人，引领了一个新的丰裕时代。在这个丰饶的年代，信息论关注的是剩余资源，也就是在其他一切变得丰富时仍然稀缺的资源。这个剩余资源就是**时间**。

时间是统一国际单位制中度量标准的因素，其锚点是以皮秒为单位的光速波长和频率。在经济学中，如同在信息论中，所有的事业都受到光速和寿命的限制。

财富就是知识，增长就是学习，货币就是时间，信息就是意外。从决定论宇宙的角度来看，从全知的视角来看，超越时间和空间，不会有意外，不会有信息，不会有利润或损失，也不会有意外的回报。在经济学的语境中，无时间的存在培育了"完全竞争"。完全竞争意味着需要超越时间的完美信息。有了完美的信息，就没有意外，所有的利润和损失就都消失了。所有的生产要素按照其贡献的比例得到补偿。

创造信息和意外、利润和损失的是时间的流逝。时间揭示过去，隐藏未来。在经济学的信息理论中，传递时间的是货币。

在企业中，最重要的限制是时间的紧缺和不可逆转性。有了无限的时间，一切都有可能。有限的时间迫使我们必须做出选择和权衡。随着知识的增长，通过学习，企业和员工可以获得时间，这是衡量知识增长的标准。时间以利率（时间的货币价值）、预算（受时间限制）、合同（有日期和交付物）以及账户（有时限）来表达。

时间在当下是稀缺的，在未来是无限延展的。在评估知识时，知识在向前推进时变得更加不确定。为了履行货币信息传递的角色，当前货币的流动性必须是稀缺的，但未来又能够变得丰富。货币的成本，通过实际利率来衡量，随着未来不确定性的增加而上升。

真实的价格是时间价格，也就是你愿意工作多少小时和分钟来购买商品或服务。通过以时间为衡量标准，时间价格在货币和交易的世界中实现了萨伊定律。时间的供给创造了所有真实的需求。将货币转移到供给侧，并将其作为一个衡量标准，是信息论而不是政治家的魔法棒。时间价格通过以小时和分钟、天和年为通用度量单位，消除了所有需求侧经济学和货币理论中的混乱迷宫。

现金是加密的时间，不会透露其来源。但它仍然代表了在某种特定活动中工作小时和分钟的产出。账户记录了过去的货币支出，并具有特定的内容。投资涉及未来，其回报必然不确定。这些投资规划了在企业和市场中受到检验的特定的时间框架和时间承诺。

根据经济学的信息理论，货币就是时间，但时间不等于货币。货币是**标记化的**时间，必须被创造出来。它必须体现过去交易的具体性和未来预测的不确定性。衡量未来时间收益的不确定程度就是利率。在所有方面，货币是替代无法逃避的时间影响力的方式，体现在整个经济的种种交易中。

真正的经济学必须与信息论相结合。它必须摆脱需求和货币的混沌泥潭，进入严谨的供给侧时间和时间价格的计算。它必须摆脱决定论的陷阱、现有专业知识的静态科学、商品货币的错觉以及唯物主义的稀缺迷信。它必须拥抱意外和超级丰盈，必须认识到：创造有其创造者，经济学针对的是知识、学习以及在世界中履行我们自己的创造性角色。

• 结　语 •

诚与律

　　经济学史上最伟大的一篇文章也许是伦纳德·里德（Leonard Read）的《铅笔的故事》（I, Pencil），它一直驳斥着所有自吹的单一行业知识。里德证明，地球上没有人完全知道如何制造一支铅笔。你认为美国国家环境保护局的人，甚至是美国国防高级研究计划局（DARPA）的人，能制造一万亿个芯片吗？

　　任何复杂现代设备中所蕴含的知识都无法被规划或溯源。你可以指定最后的组装步骤，但无法追溯知识的源头。你无法理解所有机器的所有部件的原始成分。随着时间的推移，它们聚集在一起，为我们无限复杂和不断发展的文明设计出最常见的器具。

　　然而，我们会遗忘。在玛格丽特·米德（Margaret Mead）的杰作《男性与女性》（Male and Female）中，她描述了可怜的部落成员，他们曾是波利尼西亚部落中的"勇敢水手"。在前几代人中，他们还制作了精巧的独木舟，远距离穿越大海并捕捞大量鱼类。然后，几十年过去了，他们让这些技能逐渐消失。他们的后代最终被困在小岛上，面临饥饿和灭绝的命运。

米德描述了那些无所事事地凝视着大海的人，仿佛这是一个与他们的食物短缺或旅行可能性无关的陌生领域。她问道："如果岛上的普通人忘记了如何建造独木舟，那么更复杂的人类是否也会忘记对他们生活同样至关重要的事情呢？"

我们今天看到，由高度复杂的政治家和经济学家领导的老于世故的人类社会，已经失去了提供真正货币作为贸易工具的关键能力。我们看到，自由的西方社会已经忘记了有限、宪政、低熵政府对自由的必要性。我们看到，许多西方自由政府和国际组织已经将他们宣称代表并为之服务的人类视为地球上的灾难，而不是创造力的天赐来源。它们正在危及人类的未来，更不用说资本主义经济和维持它们的世界贸易的未来了。

就像那些凝视着大海的饥饿的波利尼西亚战士一样盲目，世界上的货币专家和政治家注视着混乱的货币交易的汹涌海洋，却没有意识到任何问题的存在。他们思考着在世界各地官僚机构中堆积起来的迷宫般难以理解的规则和法规，却不理解这些东西是创造力和企业的负担。

在后资本主义生活中，政治上的"命令"经济与知识上的真实经济之间，出现了一个巨大的鸿沟。被操纵的货币传播虚假新闻，媒体和学术界则跟着货币走。

大多数人相信经济学家、政治家和媒体关于经济稀缺的幻象。他们容忍政府官员的不断干预，而不相信自己的眼睛揭示了人民丰富的创造力。

在部分程度上，过度丰盈是经济学家所称的"消费者剩余"，这是我们得到但没付费的东西。这种巨大的过剩，超出了名义上的货币衡量，构成了利他主义的收获：我们为彼此所做的事情。**我们只能保留我们所给予的**。我们通过投资、生产、学习曲线和创造力来奉献。这些潜在的剩余通过心灵市场相互贡献，通过合作的企业家、工程师、科学家、领班、农民、金融家、教师、木匠、医生和技术人员，在我们所称的信任和交换的经济结构中相互贡献。我们可以称之为"诺德豪斯效应"，即全部价值中的绝大部分未被贡献者衡量和实现。这位耶鲁大学的诺贝尔经济学奖得主计算出，在公司所创造的价值中，仅有不到2%被其所有者获得。

为什么不接受好消息呢？经济学的信息理论（财富就是知识，增长就是学习，货币就是时间，信息就是意外）揭示了一个重要的事实。自从奥斯卡·摩根斯坦（Oskar Morgenstern）撰写了他对官方经济统计数据的权威性批评以来，我们就知道统计数据无法洞察现实。[①] 这些数据编造了有利于官僚主义和监管体制的统计幻象，而官僚主义和监管体制阻碍了增长和繁荣。

认识到财富的认知属性、增长的启发式属性、货币的时间属性和利润表达意外，并依赖言论自由和企业自由，让我们按照丰盈经济新时代的信息法则，继续学习并扩展我们的视野。如

---

① Oskar Morgenstern, *On the Accuracy of Economic Observations* (Princeton, New Jersey: Princeton University Press, 1965).

果我们遵循如下"诫与律",即《信息世界的十二法则》(Twelve Laws of the Infocosm)和《信息时代繁荣经济的十条当做或不当做》(Ten Dos and Don'ts for a Thriving Economy in an Information Age),① 我们就能做到这些。

信息世界的十二法则

1. 稀缺法则:稀缺是可衡量的,终极就是一无所有。稀缺约束了一个经济模型,目的是得出一个可计算的确定结果。视经济学为关于稀缺的科学,会不当地抑制后资本主义生活,并使之合理化。

2. 丰盈法则:丰盈是根本无法计算的,终极就是接近零的价格,这完全超出经济学的范畴。随着丰盈变得更加广泛和重要,就像空气、水和硅,它们变成了经济上看不见的**外部性**。它们为后资本主义生活提供了积极乐观的道路。

3. 财富法则:财富就是知识。物质的原子和分子是无限的,处于布朗运动中。只有知识真理才是稳定的和可持续的。

4. 知识与时间法则:若能超越时间,一切都是已知的和确定的。时间的流动帷幕促使新的学习,并以知识来衡量。

5. 货币法则:货币就是标记化的时间,在交易经济中用于实

---

① 作者有意模仿古罗马共和国的《十二铜表法》和古犹太人的《摩西十诫》。——译者注

现互换。

6. 传播知识：为了增长，知识需要力量。随着知识的扩散，力量必定也扩散开来，财富随即增长。

7. 增长法则：增长就是学习，通过学习曲线来判定。这种学习通过节省的时间来衡量，并通过市场来证明失败或获取利润。

8. 资本主义悖论：你只能保留你所奉献出去的东西。储蓄只有在与他人合作的投资和奉献中才有价值。

9. 信息法则：信息就是意外，由克劳德·香农定义为"熵"。信息是秩序、规律和模式的反义词，而秩序、规律和模式为高熵信息提供低熵载体，为创造力提供平台。

10. 赫希曼的创造力法则：创造力总是让我们感到意外。如果不是这样的话，我们就不需要创造力，政府的计划仍会奏效。

11. 蒂尔的垄断法则：所有企业都追求垄断，并根据实现垄断的程度判定是否成功。创新是从零到一。一旦创造出来，它可以在时间和空间上以"一对多"的方式传播。

12. 世界等级法则：人类是模仿其造物主的创造者。

信息时代繁荣经济的十条当做或不当做

1. 让政府保持规规矩矩并可预测，让其成为一个低熵的承载者，而非一个不可预测的高熵操纵者。

2. 让货币像时间一样可预测、不可逆转、无欺诈和可互换。

3. 允许破产和失败。这为新的创造打开了未来之门。

4. 促进实验活动（加密货币、碳基发明、新商业模式），但不要预先确定或补贴结果。

5. 支持贸易和交换，通过知识和权力的分散，扩大机会和创造力。

6. 不要控制价格。价格是扩散信息和知识的宝贵途径。若要了解价格管制的持续失败记录，最权威的著作是《四千年通胀史：工资和价格管制为什么失败》（Forty Centuries of Wage and Price Controls: How Not to Fight Inflation），作者为罗伯特·L.许廷格（Robert L. Schuettinger）和埃蒙·F.巴特勒（Eamonn F. Butler）。[①]

7. 不要给出保证。信息、知识和学习的定义就是熵和意外。政府的保证扼杀了发现和意外，抑制了学习。

8. 不要对现有的经济权力结构进行补贴。现在存在的东西已经过时了。

9. 不要与不确定性斗争——未来是不可预测的。如果你让它发生，它会比你想象的更好。

10. 切记，你并不掌控一切。

---

① Robert L. Schuettinger and Eamonn F. Butler, *Forty Centuries of Wage and Price Controls: How Not to Fight Inflation* (Auburn, Alabama: Ludwig von Mises Institute Press, 2014).

索 引

（页码为原书页码，即本书边码）

A

abundance, x, 2–3, 9–11, 16–17, 19, 22, 27, 46, 65–66, 70, 82, 86, 88–93, 95, 97, 99, 101–5, 107–11, 113, 116–18, 153, 177–78, 184, 186, 189–90
Adams, Henry, 43
agriculture, 14, 19, 50, 52, 177. *See also* farming
air-conditioning, 104–5
airfare, 107–8
Al Safat Square, Saudi Arabia ("Chop-Chop Square"), 146
Alibaba Group, 8
Alm, Richard, 104
aluminum, 7–8, 42, 50, 97
Amazon, x, 107, 111, 159, 161–62, 167, 179
American Farm Bureau Federation, 13–14
Apple, x, 82, 107, 134
atoms, 5, 29, 39, 42, 50–51, 54, 65–66, 69–70, 80–81, 83, 87–89, 148–49, 184, 190
Austrian school of economics, 33, 46, 125

B

Bain and Company, 6, 37
Bain, Bill, 6, 37
Bank for International Settlements (BIS), 124
banks, x, 7–8, 21, 56, 95, 120–22, 124–28, 130, 133–38, 140–41, 154–55, 157–58, 167, 181. *See also* central banks
Baran, Paul, 66
Basic 50 Commodity Index, 95–97
BBC, 2
Beiser, Vince, 75
Bell Labs, 174–75
Berlinski, David, 33
Berninger, Daniel, 168
Bezos, Jeff, 23–24, 158, 162, 167
bicycles, 102
Biden administration, 131, 161
Bitcoin, 162, 164–68
Black and Decker, 111
blockchain, 154, 162–64, 168–69, 175
Boltzmann, Ludwig, 176
Boole, George, 174
Boolean algebra, 172, 174
Boston Consulting Group (BCG), 6, 37
breakbulk, 66–67, 69–70
Brigham Young University-Hawaii, 4, 8
Brown, John Seely, 44
Bugatti, 50–52, 54
Bureau of Labor Statistics, 106–7, 109, 117

Bush, Vannevar, 175

C
Caltech, 35, 39, 75, 79
Cambridge University, 42
capital, 8, 21–22, 24–25, 27, 47, 56–59, 126–27, 129, 134, 137, 150, 153, 182
capitalism, ix–x, 2–3, 5, 7, 11, 22–24, 74, 77, 79, 119–22, 130–31, 136, 169, 177, 179, 181, 188, 190
carbon dioxide (CO_2), 2, 17, 19, 74–77, 85–86
carbon, 5, 53, 74, 76–78, 80–85, 191
Carrier, Willis, 104
Cato Institute, 9, 136
Center for Freedom and Prosperity, 23
Central Bank,
central banks, x, 7–8, 21, 122, 126–27, 135–40, 154–55, 157, 167, 181. *See also* banks
Cerebras, 39, 43
Cerf, Vinton, 66
Chaitin, Gregory, 32
China, 8, 16, 18, 20, 25, 52, 73, 79, 115, 127, 136, 141–42, 161, 168
climate change, 17, 76, 120, 123, 178
Climeworks, 74, 86
Clinton, Bill, 23, 119
Clinton, Hillary, 119
Coase, Ronald, 44
commodities, ix, 9, 19, 66, 95–97, 104, 123, 128, 135, 137, 142–45, 147–51, 153, 165, 176, 180, 182–83, 186
communications, x, 10, 27, 46, 65–66, 80, 116, 161, 168, 172, 175–77
computers, x, 24, 27–30, 38, 42, 46, 60, 85, 90, 108, 118, 123, 125, 148–49, 153, 157–58, 161–62, 168, 172–77
Consumer Price Index (CPI), 7, 92 corn, 5, 62, 100–102, 136
COVID-19, 3, 75, 85, 104, 140, 178
Cox, Michael, 104
creativity, x–xi, 3, 11, 19, 24, 26–27, 33, 59, 61–62, 78–79, 86, 147, 178, 180, 188–89, 191–92
Crick, Francis, 29, 31–32, 174
currency, 92, 124–30, 134, 136–38, 140, 142, 149, 152, 155, 158, 164–66, 182
digital, 154–55
trading, 122, 126–30, 145, 157, 164, 181, 188

D
Dalton, John, 54
Darwinian theory, 26–27, 30–31
Davos, 100
debt, 19, 21, 127, 133–35, 137
decentralization, 159, 163–64, 174
Decker, Alonzo, Jr., 111
Delbrück, Max, 31
Democrats, 2, 119
Deng Xiaoping, 141
Dimon, Jamie, 121
division of labor, 5, 67, 69
DNA, 29–33, 51, 53, 60, 80, 85, 90, 174
dollar, the, 122, 126–27, 129, 141, 166–67
Duy Xuan Luong, 82–83

E
economic growth, xi, 5, 9–10, 19–22, 24, 31, 35, 43–44, 51–52, 67, 70, 122, 126, 152, 182
economy, ix–xi, 3, 6–7, 9–11, 15–17, 20–21, 24–26, 33, 37, 46, 52–53, 65, 70, 78, 86, 118, 120–23, 125–28, 130, 133, 135–40, 142, 153–55, 163–67, 169, 172, 177, 179, 183, 185, 188–91
Ehrlich, Paul, 18, 87–88
Einstein, Albert, 31, 54, 149, 173
emergency monetarism, x, 157
emergency socialism, ix–x, 3, 21, 73, 75, 122, 178–79
Emory Riddle University, 99
energy, 4–5, 8, 17, 22, 30, 43, 50, 56, 70, 77–78, 85, 95, 112, 130–31, 178, 183
entrepreneurs, 9, 16, 23, 27, 36, 56–57, 61,

78, 89, 101, 111, 115, 124, 131, 133–34, 138, 151, 154, 165, 167, 182–83, 189
Environmental Protection Agency, 82, 187
equilibrium, xi, 25–26, 33, 176, 179, 181
Erdoğan, Recep Tayyip, 161
ethanol, 4–5
Euler, Leonhard, 172

F

Fairchild Camera and Institute, 38, 40, 58
Fairchild Semiconductor, 41–42, 58
Fairchild, Sherman, 58
farming, 13–14, 62–63, 101, 189. *See also* agriculture
Federal Deposit Insurance Corporation (FDIC), 127
Federal Reserve ("the Fed"), 121, 131, 137, 139–40, 157
Feynman, Richard, 39
foreign exchange ("forex"), 123–26, 181
free market, 11, 33
free-market economics, 26, 121, 138–39
Friedman, Milton, x, 123, 125, 130, 136–42, 144

G

gasoline, 4–5, 8, 134
Gave, Louis, 139
Geim, Andre K., 80, 82
General Electric (GE), 74, 179
globalization, 20, 69, 125
God, 27, 46, 154, 163, 171–72
Gödel, Kurt, 31–32, 60, 147–49, 152, 171–74, 176–77
gold, x, 50, 68, 122–26, 128–29, 139, 142, 144–47, 150–52, 154–55, 165–68, 181, 188
Google, x, 30, 160–62, 167, 179
Gordon, John Steele, 144
government, ix, 2–3, 7–8, 11, 13–14, 20, 25, 33, 36, 38, 52–53, 56–57, 62, 74, 77–79, 86, 117, 120–21, 127–28, 130–31, 135–41, 145, 147, 151–53, 155, 157, 160–62, 167–69, 177, 179–81, 183, 188–89, 191–92
graphene, 61, 80–86
Great Depression, 122
Great Famine (China), 52
Green, Eric, 89
Greenspan, Alan, 167
gross domestic product (GDP), 7, 9–10, 20, 92, 95, 122, 124, 127, 137, 150
growth, xi, 3, 5, 25, 35, 39, 44–45, 51–52, 56, 88, 90–91, 93, 95, 97, 99, 110, 123, 125, 127, 130, 135–39, 150, 154, 167, 184, 189–90. *See also* economic growth *and* population growth

H

hacking, 154, 157–62, 164, 168, 175
Hagel, John, III, 44
Happer, William, 76
Hart, Michael S., 108
Harvard, 44, 58
Hayek, Friedrich, 26, 33, 53, 58, 89, 125, 140, 144
Hefner, Robert, 77
Heisenberg, Werner, 148, 176
Henderson, Bruce, 6, 37, 45
Hidalgo, César, 50–51, 53, 89
high-entropy information, 27, 130, 134, 152, 154, 177, 191
Hilbert, David, 32, 171, 173
Hirschman, Albert, 78, 191
Hoerni, Jean, 58
Hong Kong, China, 127, 139, 141
Horpedahl, Jeremy, 103
housing, 25, 112, 115, 127

I

IBM, 38, 55, 179
incentives, x, 23–26, 33, 36–37, 46, 57, 146, 177–78, 182
incompleteness theorem, 32–33, 60, 171, 174
Industrial Revolution, 65, 93, 99, 151, 181
information economics,

information theory, x, 10–11, 27–28, 32, 53, 55, 59–60, 65, 69, 130, 148, 152, 172, 174–85
　of economics, x, 7, 44, 49, 90, 166, 184–85, 189
　of money, 136
information, x–xi, 3, 10–11, 27–30, 32–33, 35–36, 39, 44, 46–47, 51–56, 59–60, 65–66, 70, 86, 89, 92, 116, 123–24, 128, 130, 133–36, 141–42, 148, 152–54, 157, 163, 166, 172, 174, 176–78, 180, 182–84, 189, 191–92
infrastructure, 7, 138, 177
ingenuity, 3, 22, 27
innovation, ix, 11, 15, 20, 24–26, 54, 56, 62, 79–80, 92–93, 99–100, 108–9, 113, 115–16, 138, 147, 162, 179, 191
Intel Corporation, 7
internet, 24, 38–39, 45–46, 65–67, 86, 152, 154, 157–58, 160–61, 164, 167–68, 172, 175, 177
investment, ix, 14, 36–37, 56–57, 59, 75, 91, 128, 133–35, 137, 139, 165–66, 182–83, 185, 189
It's a Wonderful Life, 135

J
Jackson, Lisa, 82
Jacobs, Irwin, 66
Janszen, Eric, 128
Jeans, James, 80
jewelry, 145–46, 150
Jiang Zemin, 141
Jobs, Steve, 24, 38, 90
Jones Act, 68–69
Josephson, Brian David, 42
JPMorgan Chase, 121

K
Kahn, Robert, 66
Keynes, John Maynard, 122
Keynesianism, 138

Kleinrock, Leonard, 66
knowledge, xi, 3–8, 10–11, 22, 24, 28–29, 31, 35, 44–47, 49–50, 53–62, 65, 84, 86–90, 92–93, 95, 109, 118, 123, 133–35, 147, 153–54, 163, 166–68, 171, 173, 180–81, 183–90, 192
Königsberg conference, 147, 152, 171–73
Korea, 41, 107
Kruger, David, 160
Krugman, Paul, 26, 123, 139, 144

L
labor, ix, 5, 15–16, 63, 67, 69, 93, 104–5, 108
Laffer curve, 36–38
Laffer, Arthur, 36
learning curve, 6–7, 9, 15, 25, 36–39, 41, 43–46, 55, 83–84, 86, 90, 116, 118, 140, 147, 180, 189–90
learning, xi, 3, 5–8, 10–11, 24, 27, 30, 35, 37, 42–46, 53, 56, 65, 67, 86, 89–90, 123, 137, 147, 152–54, 163, 166–67, 174, 177, 180–81, 183–84, 186, 190, 192
Lehrman, Lewis, 139
Levinson, Marc, 68
Lewis, C. S., 30, 59
Lewis, Nathan, 151
libertarian economics, 25
Licklider, J. C. R., 38
LIGC Application Ltd., 84
Lindzen, Richard, 76
Little Caesars, 103–4
Locke, John, 143
London, 18, 124–26
loss, 10–11, 35–36, 56, 133, 178, 184
low-entropy carriers, 27, 65–68, 130, 152, 176–77, 191

M
Ma, Jack, 8
Ma, Pony, 8
Mach, Ernst, 152
Malthus, Thomas, 17–18, 88

Marx, Karl, ix–x, 34
materialism, x, 1–3, 22, 24–28, 30–31, 34, 49–50, 57, 59–61, 142, 148, 178, 186
mathematics, 18, 29, 31–33, 60, 148, 152, 162, 171–76
McKinnon, Ronald, 129, 141, 145
McLean, Malcolm, 67–69
Mead, Carver, 35, 39–41, 43, 79
Mead, Margaret, 187–88
Menger, Carl, 46, 144
Meta, x, 162, 179
Metcalfe, Bob, 160
Metcalfe's law, 160, 164
microchips, 5, 8–10, 28, 35–36, 42–43, 53–54, 57, 79, 83, 153, 187
Minsky, Marvin, 31
Mises, Ludwig von, 125, 144
MIT (Massachusetts Institute of Technology), 10, 27, 50, 52, 76, 174–75, 178
Mitchell, Dan, 23–24
monetarism, x, 137–38, 141–42, 151, 157. *See also* emergency monetarism
Moore, Gordon E., 5, 7, 38–43, 46, 58, 79
Moore's Law, 5–7, 35, 38–39, 41–43, 45–46, 83, 162
Morgenstern, Oskar, 189
Mundell, Robert, 141–42, 178

N
Nakamoto, Satoshi, 162
National Bureau of Economic Research, 14
National Human Genome Research Institute, 89
Nazarpour, Soroush, 81
Netanyahu, Bibi, 37
Neumann, John von, x, 60, 148, 172–74, 176–78
New York Post, 104
Newton, Isaac, 26, 29, 33, 54, 144
Nixon, Richard, x, 122–23, 129, 145
Nordhaus, William, 9, 14–15, 43, 178, 189

Novoselov, Konstantin S., 80, 82
Noyce, Bob, 41, 58
Nuvistor, 41

O
Oculus-Meta, 105–6
oil, 5, 24, 58, 62, 75, 78, 183
Oxford University, 119
oxygen, 7–8, 30, 42, 77

P
packet-switched networks, 65–67, 69–70
Pauling, Linus, 54, 75
PayPal, 79, 134, 159, 166
petroleum, 4–5, 49–50, 83, 144
Phillips curve, 181
Polanyi, Michael, 31
politics, 1, 20, 59, 67, 141, 188
Pony Express, 116
Pooley, Gale, 4, 8–9, 15–17, 19–20, 86–87, 93, 95, 145, 184
Popper, Karl, 35, 44, 54–56
population growth, 17–19, 27, 88, 93, 97, 99, 101–2, 105, 110, 184
Princeton University, 76, 78, 173
production, ix, 5–6, 14, 37–38, 41–42, 45, 49, 54, 69–70, 77, 83, 86, 102, 106–7, 114–15, 126, 128, 131, 165, 184, 189
productivity, 3, 7, 9–11, 86, 99, 127, 131, 167, 182
profit, xi, 4, 9–11, 36, 44, 47, 121, 125–27, 133–34, 166, 181, 184, 189
Project Gutenberg, 108

R
Read, Leonard, 187
Reagan, Ronald, 37, 119
Reich, Robert, 23–24, 119–21, 127
resources, ix–x, 1, 4, 10–11, 16–19, 22, 27, 42, 49–50, 58, 62, 68, 84, 86–87, 89, 93, 97, 99, 110, 177–78, 181, 184
Rice University, 79, 81

Ridley, Matt, 18, 75
Robbins, Lionel, 17, 178
Robinson, Arthur, 32, 75
Romer, Paul, 50–51, 178
Romney, Mitt, 37
Roosevelt, Franklin, 122
Rueff, Jacques, 139
Russell, Bertrand, 18, 32
Russia, 7, 52

S

Samuelson, Paul, 144
Sanders, Jerry, 41
Santa Fe Institute, 6
Say's Law, 9, 147, 180, 185
scarcity, 1–3, 7, 9, 17, 19, 46, 86, 142–43, 151, 165, 167, 177–79, 181, 184, 186, 189–90
Scrivano, David, 104
Securities and Exchange Commission, 76–77
Seldon Labs, 82
semiconductors, 6, 8–10, 36, 39, 41, 43, 57–58, 84
Shannon, Claude, x, 10, 27–28, 52, 55, 67, 174–77, 180, 191
shipping, 5, 67–70
Shockley, William, 58
Sichel, Daniel, 99
silicon, 6–8, 31, 38, 42, 53, 58, 65, 79–80, 86, 134, 174, 190
Silicon Valley, 38, 44, 56–58, 84
Simon, Julian, 9, 11, 19, 99
Singapore, 127, 181
Skousen, Mark, 137
Smith, Adam, ix–x, 2–3, 5, 22, 26, 33, 89, 93, 142
socialism, ix–x, 2–3, 21–22, 27, 53, 73, 75, 122, 178–79
Soros, George, 130
Sowell, Thomas, 50, 61, 88–89
St. Andrews College, 9
Standard Oil, 179

Stanford University, 87, 129, 139, 141, 145
Stockman, David, 77
Stossel, John, 23
Superabundance (Pooley and Tupy), 16, 95
supply-side economics, 23, 25, 36, 120, 142, 180, 182
surprise, ix–xi, 3, 10, 25, 33, 35, 44, 46, 52–58, 61–62, 65, 71, 78, 130, 133, 135, 163, 166, 172, 176, 179–80, 183–84, 186, 189, 191–92
sustainability, 2, 8, 17–19, 25, 27, 88, 100
Système Internationale (SI), 92, 149–51, 153, 183–84

T

Taiwan, 41, 57, 79, 127
Tamny, John, 151, 183
tax rates, 20–21, 36–38, 139
taxes, 8, 23, 25, 37–38, 74, 79, 125–27, 149
Taylor, John, 139
Tencent, 8
Texas Instruments, 58
Thiel, Peter, 55, 79, 167, 179, 191
time, xi, 3, 6, 8–10, 14, 16, 19–20, 27, 38, 40, 45–46, 54, 59, 65, 67–70, 84, 86, 90–93, 95, 99, 102–3, 105–6, 108–13, 115–17, 123, 133–34, 145, 149–55, 161–64, 166–67, 169, 172, 174–75, 178, 180, 184–87, 189–91
tokenized, 9, 19, 70, 84, 154, 163, 185
time-prices, 9, 15–17, 19–21, 65, 69, 90–93, 95, 97, 99–100, 102–3, 105–7, 109, 111–15, 117–18, 134, 153, 167–68, 182, 185–86
Tour, James, 60, 78–86
trade gap, 21
trade, ix, 21, 66–70, 122, 125–27, 129, 141, 144, 164, 166, 182, 188, 192
transistors, 6, 10, 39–42, 58, 174
Trump administration, 131
Tupy, Marian, 8–9, 15–17, 19–20, 91, 93, 95, 109, 184
Turing, Alan, x, 28, 60, 148–49, 174, 176–77

Twenty-Foot Equivalent Unit (TEU), 68

U
U.S. Census Bureau, 112
Ukraine, 7
United Nations, 78, 123
United States Geological Survey (USGS), 97–98
United States, 20–21, 42, 68–69, 75, 85, 101, 103, 105, 109–10, 112, 116–17, 120–22, 124, 126–29, 139, 151, 161, 166, 168
Universal Matter, 79, 84–86
University of California, Berkeley, 18, 23, 178
University of Chicago, 44, 123
University of Manchester, 80

V
value, xi, 5–10, 19, 51, 53, 60, 69–70, 88–89, 91, 102, 107, 109–10, 117, 123–24, 128, 131, 133–34, 136, 141–43, 145–49, 151, 153–54, 160, 165–67, 182–84, 189
velocity, 137–40, 155
Vigilante, Richard, 4, 62, 145
ViralWall, 84–85

Viterbi, Andrew, 66

W
Waite, Steve, 81
Wanniski, Jude, 150
Watson, James, 31, 174
Wealth of Nations, The (Smith), 5, 93
wealth, ix, xi, 1–5, 7–11, 22–25, 27, 33, 37, 44, 47, 49–51, 53–54, 56, 61–63, 65–66, 84, 86, 90, 109, 120, 123, 125, 128, 130, 135–37, 141, 146–47, 153–54, 165, 167–68, 181, 183–84, 189–90
Web 3.0, 168–69, 175
Western Union, 116
Whitehead, Alfred North, 32
Wired, 73–75
word, the, 28–32, 60–61
World Bank, 95
World War II, 18, 58, 67, 175
Wriston, Walter, 123–24, 130

Y
Yale University, 9, 14, 119, 178, 189
yen, the, 129

乔治·吉尔德著作赞誉

《后谷歌时代：大数据的没落与区块链经济的崛起》

  谷歌算法假设，世界的未来不过是一个随机过程的下一个时刻。乔治·吉尔德告诉我们，这一假设进展如何，什么促使人们这样假设，以及为什么它是错误的。未来取决于人的行动。

——彼得·蒂尔（畅销书《从0到1》作者）

《货币之惑：华尔街复苏与美国经济萧条的逻辑》

  无论你是否同意作者引起争议地呼吁政府控制之外的货币（黄金、比特币），这本书都是很重要的一部著作。

——拉里·库德洛（美国白宫前首席经济顾问）

《知识与权力：信息如何影响决策及财富创造》

　　这本书提出了一个全新的世界观，综合托克维尔、哈耶克、德鲁克、托夫勒、索维尔和塔勒布的洞见和才智，对"意料之外的"未来提出了宏大的愿景。

——马克·斯考森（美国哥伦比亚大学教授）

《财富与贫困：国民财富的创造和企业家精神》

　　我们应该基于道德原因而不仅仅是物质原因，来赞美或者至少拥护和捍卫企业家。这种深刻而根本的理解使乔治·吉尔德的这本书成为西方文明的伟大著作之一，堪与亚当·斯密的《国富论》和裘德·万尼斯基的《世界运转方式》比肩。

——史蒂夫·福布斯（福布斯媒体集团董事长）